# JÜRGEN BECKER
## MIT DIETMAR JACOBS UND MARTIN STANKOWSKI

# ZU DIR ODER ZU MIR?

## DAS MYSTERIUM DER FORTPFLANZUNG

Kiepenheuer & Witsch

Verlag Kiepenheuer & Witsch, FSC®-N001512

3. Auflage 2018

© 2016, Verlag Kiepenheuer & Witsch, Köln
Alle Rechte vorbehalten. Kein Teil des Werkes darf in
irgendeiner Form (durch Fotografie, Mikrofilm oder ein
anderes Verfahren) ohne schriftliche Genehmigung des
Verlages reproduziert oder unter Verwendung elektronischer
Systeme verarbeitet, vervielfältigt oder verbreitet werden.
Umschlaggestaltung: Barbara Thoben, Köln
Umschlagmotiv: © akg-images
Autorenfoto: © Simin Kianmehr
Gesetzt aus der Minion und der Futura
Satz: Felder KölnBerlin
Layout: www.atelier-stankowski.de
Druck und Bindung: CPI books GmbH, Leck
ISBN 978-3-462-04900-8

# INHALT

# 1. Fortpflanzung folgt

Die Fortpflanzung. Seit Urzeiten ist dieses Themen-
feld mit Tabus und Tretminen durchtrieben, und

Peter Paul Rubens, Samson und Delilah (1609)

so wird es wohl ewig bleiben. Schon aus der Antike ist dieses Männergespräch überliefert: »Sag mal, wenn ich deine Frau schwängere, sind wir beide dann verwandt?« Der andere grübelt kurz: »Verwandt nicht – aber quitt!«

Der jüdische Held Samson schläft im Schoß der Delilah seinen Rausch aus. Zuvor verführte sie ihn, um hinter das Geheimnis seiner Kraft zu kommen. Die Methode verwendet seitdem jedes Bond-Girl. Beim Liebesspiel kann Delilah ihm die Geheiminformation entlocken: Es liegt an seinen langen Haaren. Delilah liefert ihn an die Philister aus und Samson werden daraufhin die Haare geschnitten und die Augen ausgestochen. Schon im Alten Testament hat das Begehren die Sprengkraft, die jeden Geheimagenten zu Fall bringen kann. Sex kann ins Auge gehen. Warum ist das so?

Die Themen Sex und Fortpflanzung bestimmen Kultur und Leben. Nach wissenschaftlichen Untersuchungen denken zum Beispiel Männer 60 Prozent des Tages an Sex. 60 Prozent! Das überrascht viele. Denn das heißt: nur 40 Prozent an Fußball. Man sagt, Sex wäre der Ursprung der Kultur, der Motor der Evolution und wichtig für die Gesundheit. Deutschen Forschungsergebnissen zufolge verbraucht man zum Beispiel bei einem Mal Sex so viele Kalorien wie auf einer Radtour von Köln nach Bergheim. Wobei, wer beides kennt, weiß, dass es Unterschiede zwischen

Sex und einer Radtour nach Bergheim gibt. Beim Sex hat man hinterher Lust, es irgendwann noch mal zu wiederholen.

Fortpflanzung ist ein Thema, dem man kaum entgehen kann. Im Fernsehen, in Zeitungen, von jeder Werbung aus schauen einen heute sinnliche Nackte an und signalisieren Paarungsbereitschaft. Letztens war zum Beispiel Internationale Automobilausstellung. Da räkelten sich wieder knapp bekleidete Frauen auf Motorhauben.

Alles, um uns zu erregen. Dabei ist das Quatsch. Die meisten Männer, die so ein Bild sehen, sagen sich nicht: »Boah, ist das erregend.« Die sagen: »Nimm die Frauen da weg, die machen Kratzer in den Lack!«

Sex ist in unserer Gesellschaft ein dominantes Thema. Zum Teil so sehr, dass sich manche davon fast unter Druck gesetzt fühlen. Gerade wenn man wenig oder keinen Sex hat, was ja auch vorkommen kann. Denn besonders in langen Beziehungen nimmt der Sex ab.

Das ist einfach so und kein Grund zur Besorgnis. Freunde von mir zum Beispiel waren 30 Jahre total glücklich. Am Anfang waren die wild und leidenschaftlich.

Und dann ist das mit dem Sex immer weniger geworden. Das hat denen aber nie was ausgemacht.

Die machten stattdessen Nordic Walking. Aber jetzt haben die sich von Bekannten einreden lassen, sie müssten zu einem Paartherapeuten, um ihr Liebesleben aufzupeppen. Und damit ging der Ärger los. Da hatte man ihnen geraten, sich doch nachts mal ins Ohr zu flüstern, was man jetzt am liebsten hätte. Und dann liegen die im Bett, und was flüstert er? »Ein Kölsch und ein Jägermeister.« Zack, hatten die Streit. Dann wurde ihnen geraten, für die Erotik doch mal im Schlafzimmer Spielzeuge einzusetzen. Was macht er? Baut im Bett die Carrera-Bahn auf. Seitdem haben die Diskussionen, die sie vorher nicht kannten.

**Da sagt Humphrey Bogart zu Ingrid Bergman: »Ich schau dir in die Augen, Kleines.« Keine Sau zeigt, wie der nach 30 Jahren mit ihr in einem Reihenhaus in Düren wohnt**

Dabei ist wissenschaftlich erwiesen, dass häufiger Sex mit demselben Partner die Lust dämpft. Weil der Sex routiniert wird, einer immer gleichen Dramaturgie folgt und daher nicht mehr so interessant ist. Ich kenne Paare, die haben mir erzählt, die erotische Spannung sei bei ihnen so raus, sie würden inzwischen beim Sex an die Steuererklärung denken. Ich kenne andere, die machen sie sogar dabei. Denn der Alltag vernichtet auch die Leidenschaft. Deshalb enden Liebesfilme ja auch immer, wenn die Verliebten gerade glücklich zusammen sind. Da sagt Humphrey Bogart zu Ingrid Bergman am Flughafen: »Ich schau dir in die Augen, Kleines.«

Und küsst sie. Keine Sau zeigt, wie der nach 30 Jahren mit ihr in einem Reihenhaus in Düren wohnt und sagt: »Mäh schon mal den Rasen. Ich fahr noch zum Baumarkt.« Richard Gere und Julia Roberts küssen sich am Ende von »Pretty Woman«. Niemand sieht, wie die vielleicht hinterher drei Kinder mit ADHS haben und seine nervige Mutter noch bei ihnen einzieht. Die zeigen auch die Paare immer jung und attraktiv. Und nicht wie die Frau älter wird und der Mann einen Bauch bekommt. Wobei ich die Männer schon höre: »Das ist kein Bauch, was ich da hab. Das ist runtergeschluckter Stolz.« Jedenfalls sagen alle Therapeuten: Auch wenn die Flammen der Leidenschaft nicht mehr so lodern, ist das nicht schlimm. Wichtig ist, dass man über die Unzulänglichkeiten gegenseitig lachen kann. Dass man auch Themen wie Liebe, Sexualität und Attraktivität mit Humor betrachtet. Mal einen Witz macht. Wenn der Partner fragt: »Findest du mich noch attraktiv, oder bin ich zu dick?« Dass man dann einfach sagt: »Nein, du bist wunderbar, Schatz. Aber warte, bevor du hoch in den ersten Stock kommst. Ich will noch kurz die Statik überprüfen lassen.« Dann lacht man. Und das entspannt die Situation enorm. Und daher wollen wir in diesem Buch das ganze Thema als Quell der Erheiterung betrachten. Aber auch die Kultur der Fortpflanzung beleuchten. Oder auch der ausgefallenen Fortpflanzung. Denn wenn der gemeinsame Sex abhandenkommt, gibt es immer noch die individuelle Variante, und auch die kann göttlich sein.

## Gott Onan oder: Wenn man nicht alles selber macht

In der Bibel spielte er nur eine Nebenrolle, ist aber in der abendländischen Kultur- und Sittengeschichte zu einer Hauptfigur avanciert: Onan. Eine Figur des Alten Testaments, die nach jüdischem Gesetz die Witwe seines Bruders heiraten sollte, um dem auf diesem Wege quasi zu Nachkommen zu verhelfen. Onan hatte aber überhaupt keine Lust, wobei die Bibel die genauen Gründe verschweigt: War's die Witwe oder scheute er die Verantwortung, vielleicht war er schwul? Jedenfalls – jetzt wörtlich – »ließ er seinen Samen auf die Erde fallen und verdarb ihn«. Seine Weigerung verstieß gegen das Gesetz der Schwagerehe, und er wurde für den Frevel getötet, ist aber immerhin als Namens-

In der Bibel geht es um einen Mann – in der Natur um alle Menschen. Gustav Klimt, Nackte (1919)

patron fürs Onanieren bis heute in lebendiger Erinnerung.

Für die Evolution spielt die Selbstbefriedigung keine Rolle, man hat jedenfalls bis heute keine relevanten Gründe gefunden, außer: »Use it or lose it!« Doch obwohl zu allen Zeiten, in allen Kulturen, bei allen Menschen verbreitet, ist sie bis in die Gegenwart auch sprachlich negativ besetzt: Ob Selbstbefleckung oder Masturbation – mittellateinisch »mit der Hand schänden« – Ipsismus oder Wichsen und andere fiese Wörter – das klingt alles nicht besonders schön, ganz im Gegenteil zur Handlung selbst.

Die Selbstbefriedigung wird bis heute mit einem Schleier der Scham oder des Tabus bedeckt. Auch da gab es ganz andere Umgangsweisen in der Antike. Von Diogenes, dem radikalsten unter den griechischen Philosophen, der bekanntlich in einer Tonne lebte, um seine Unabhängigkeit zu betonen, wird erzählt, er habe bisweilen auf dem Markt onaniert und, darauf angesprochen, erwidert: »Wie schön wäre es doch, durch das Reiben des Bauches den Hunger vertreiben zu können.«

## 2. Kultur kontra Koitus

Eigentlich liegt die größte Kulturleistung des Menschen darin, keinen oder wenig Sex zu haben. Denn die meisten Religionen, Philosophien, Künste und Bücher sind entstanden, weil die Menschen was Sinnvolles gemacht haben, statt im Schlafzimmer die Zeit zu verplempern. Man kann ja nicht nur Kinder erschaffen, sondern auch große Werke. Nehmen Sie nur Sokrates.

Seine Frau hieß Xanthippe. »Xanthippe« ist griechisch und heißt übersetzt: »Ich habe Kopfschmerzen.« Die wollte nämlich in Liebesdingen nichts mehr von ihm wissen, und deshalb hat er angefangen nachzudenken und die ganze abendländische Philosophie begründet.

Oder Platon. Der sagte, dass Sex nicht wichtig sei. Das Wichtigste wären die Gedanken. Oder Pythagoras. Den kennen Sie noch von dem nach ihm benannten Satz: $a^2+b^2=c^2$. Dabei ist ein anderer Satz von ihm viel wichtiger. Er sagte nämlich: »Die beste Zeit für fleischliche Beziehungen ist der Winter.« Dem Mann reichte zum Schnackseln der Winter. Das heißt, im Frühjahr, Sommer und Herbst hatte der keine fleischliche Beziehung. Da hat der gerechnet und die Mathematik erfunden. Gut, da sagen viele: Hätte der Tuppes auch im Rest des Jahres gepimpert, hätten wir in der Schule keine Dreiecke berechnen müssen. Dann hätten wir ne Freistunde gehabt.

Die größten Kulturleistungen sind entstanden, weil die Menschen den Trieb abgeschaltet haben. Und ohne Sex ist das Leben auch einfach ruhiger und gemütlicher. Denn wenn man ehrlich ist: Fortpflanzung ist mühsam. Was für ein Stress! Was für ein Zeitaufwand! Vor allem, weil man sich einen Partner zum Fortpflanzen suchen muss. Und den muss man überzeugen. Die Weibchen müssen die Männchen anlocken und die Männchen müssen hinter den Weibchen herlaufen, balzen und Dinge tun, die das Weibchen gut findet. Ich sehe die Qual oft in den Gesichtern von Männern im Kabarettpublikum. Die sind nur da, weil die Frau die Karten besorgt hat. Das hängt alles mit der Vermehrung zusammen.

**Die größten Kulturleistungen sind entstanden, weil die Menschen den Trieb abgeschaltet haben**

Dabei ist das in der Natur nicht überall so. Denn für die Vermehrung braucht man nicht immer einen Partner. Ganz am Anfang der Zeit war ja auf der Welt alles öde und leer. Es gab kein Leben und keinen Ort, wo man existieren konnte. Wer mal in der Eifel war, kennt den Zustand. Aber dann entstand aus Kohlenstoff und Wasserstoff das Leben. Einzeller. Lebewesen, die brunzhohl in der Gegend rumstanden und nur Vermehrung im Kopf hatten. Und diese Einzeller pflanzten sich einfach durch Zellteilung fort. Ohne Sex.

Und das können nicht nur Einzeller, sondern auch viele Tiere. Zum Beispiel die Blattlaus.

Wenn der Blattlaus nach Fortpflanzung zumute ist, gebären die Lausemädels ohne irgendwelches Zutun eines Lausbuben einfach so bis zu zehn Töchter am Tag. Der Lausbub ist völlig außen vor. Keiner paart sich mit ihm.

Gut, das kann am Aussehen liegen. So eine Blattlaus sieht nicht aus wie Robert Redford. Und wer will sich mit jemandem paaren, der grün ist und lästig. Andererseits: Bei Joschka Fischer hat das auch immer geklappt. Aber bei der Blattlaus nicht. Die vermehren sich ganz allein. Die müssen vor dem Vermehren auch nicht fragen: »Zu dir oder zu mir?« Die fragen: »Zu mir oder zu mir?« Die müssen auch niemanden anmachen. Die müssen nicht flirten. Es gibt nur eins, was menschliche und tierische Lausmädels gemeinsam haben: Sie stehen auf Blumen. Aber sonst: nichts.

Doch die Laus kriegt trotzdem Kinder. Und die brauchen auch keinen Personalausweis mit Passbild, denn die sehen der Mutter ähnlich wie aus dem Gesicht geschnitten. Das sind nämlich lauter kleine süße genetische Kopien. In nur wenigen Tagen hat die Blattlaus 100 Kinder hergestellt. Unehelich. Das schafft sonst nur Franz Beckenbauer. Und es bleibt ja nicht bei den Kindern. Denn die werden bald selbst wieder jungfräuliche Mütter. Schon hat das Blattlausmädel 100 Enkel. Auf die muss die Oma nicht mal aufpassen. Denn ruckzuck hat sie 1000 Urenkel und ihre 10 süßen Töchter sind bereits selbst Oma und Opa. Das ist der unschätzbare Vorteil der sogenannten Parthenogenese: der Jungfrauengeburt. In nur einer Saison kann ein einziges Blattlausweibchen über 80 Millionen Nachkommen zeugen.

**Ein einziges Blattlausweibchen zeugt über 80 Millionen Nachkommen. Wir sind schon froh, wenn unsere 1,3 Kinder keine Läuse haben**

Wir Bundesbürger sind 80 Millionen und schaffen es nicht mal, diese Zahl zu halten. Wir sind schon froh, wenn unsere 1,3 Kinder keine Läuse haben, dann dürfen die nämlich nicht in die Kita. An der gefräßigen und gebärfreudigen Blattlaus sehen wir, wie einfach das Leben sein kann. Vom Blattlausmännchen brauchen wir gar nicht zu reden. Was der den ganzen Tag so treibt, weiß ich auch nicht. Fremdgehen ist ja nicht. Wahrscheinlich spielt der Karten mit den Kumpels. Wenn er ein gutes Blatt hat.

## No Sex. Gott ist eine Blattlaus

Blattläuse machen es, ebenso die Schwarze Wespe, Schnecken, Fadenwürmer und sogar einige Haiarten. Bei allen sind Männchen für die Fortpflanzung überflüssig. Sie vermehren sich aus sich selber. Die Parthenogenese, auch Jungfernzeugung oder Jungfrauengeburt genannt, kommt vor allem bei niederen Arten vor. Im Unterschied zur sexuellen Fortpflanzung wird der Eizelle durch Hormone eine Befruchtungssituation vorgespielt. Und schon legt sie los, teilt sich und ein neues Lebewesen wächst heran. Bei dieser Art der Zeugung fehlt jedoch die Durchmischung des genetischen Materials, das ist ihr Nachteil. So erklärt sich auch, dass gerade mal 0,1 Prozent aller Wirbeltiere sich für die ungeschlechtliche Variante entschieden haben. Die Mehrheit hat Sex.

**Die Mehrheit hat Sex**

Nun gibt es auch immer wieder Diskussion darüber, ob die Parthenogenese auch bei Primaten wie beim Menschen möglich sei. Bisher liegen keine schlüssigen Ergebnisse vor. Die Natur spricht dagegen.

Aber der Papst ist anderer Meinung. Und nicht nur der Papst. Es gehört zum Glaubenskern der christlichen Kirche, dass Jesus das Produkt einer asexuellen Fortpflanzung ist. Das entspricht übrigens auch dem muslimischen Verständnis wie auch dem Hinduismus, wo die Jungfrauengeburt ebenfalls überliefert wird. Das Ganze ist mit dem gesunden Menschenverstand kaum zu verstehen, deswegen hat der Papst aus dieser Geschichte für die Katholiken ein Dogma gemacht: Sie sollen es glauben und nicht ergründen.

Nun mag man nachsinnen, warum gerade Religionen auf solche Ideen kommen. Das Selbstverständnis von Religion und Götterglaube hängt – bis auf ein paar Naturreligionen – eng mit den Ideen von Ursprung und Schöpfung zusammen, mit Allmacht und Anfang. Zu Ende gedacht heißt das: Ein Gott kann schlecht das Ergebnis von Zeugung sein, denn dann wäre ja schon etwas da gewesen. Religionen, die den Ursprung der Welt theologisch erläutern, können

Josef hat Sachverständige bestellt, um die Vaterschaft prüfen zu lassen.

nicht anders, als sich ihre Götter aus sich selbst zu erklären, eben ohne Zeugung, ohne Sex und wahrscheinlich auch ohne Geschlecht.

Inzwischen beschäftigen sich neben Parawissenschaftlern und Feministinnen auch einige Theologen mit der natürlichen Parthenogenese, entlang der These, dass auch »Wunder« in der Regel anhand natürlicher Vorgänge erklärt werden können. Allerdings sind sie dabei auf ein kleineres Problem gestoßen. Bisher sind fast alle Nachkommen spontaner Jungfernzeugung weiblichen Geschlechts. Die wenigen Männchen sind in der Regel deformiert. Aber an der Erklärung dafür arbeitet man noch in Rom.

Also nicht nur bei den Blattläusen ist die Vermehrung ohne Sex möglich. Sie ist eine der Grundlagen des Christentums: die jungfräuliche Empfängnis. Maria kriegt ein Kind vom Heiligen Geist.

Das Symbol für die göttliche Vermehrung ist die Taube, die angeflogen kommt und dann auf Mariens Kopf sitzt.

Nach dem B-Test:
Maria kann's nicht glauben.

Biologisch korrekt müsste das Symbol eigentlich die Blattlaus sein. Die sieht auf den Bildern aber nicht so gut aus.

Die Zeugung des Herrn Jesus geschah ohne Sex. So steht es auch in der Bibel bei Matthäus: »Josef nahm seine Frau zu sich. Aber er erkannte sie nicht, bis sie ihren Sohn gebar.« Josef erkannte Maria nicht. Das hat übrigens nichts mit schlechten Kontaktlinsen zu tun. Im Hebräischen, in dem die Bibel ja ursprünglich verfasst ist, ist das Wort für »erkennen« und »Sex« das gleiche. Wenn in der Bibel »erkennen« steht, ist immer Schnedderedeng gemeint. Da muss man aufpassen. Auch im Alltag, wenn mal jemand sagt: »Darf ich mich erkenntlich zeigen?«

Parthenogenese beim Menschen aber gilt als ausgeschlossen. Außer in Hessen. Denn da gab es im Jahr 2000 den Fall, dass eine Frau schwanger war und ihr Ehemann die Vaterschaft angezweifelt hat, weil seine Frau mit einem anderen Mann eine Nacht in einem Hotelzimmer verbracht hatte. Und darauf hat der Richter Fritz Henge beim Amtsgericht in Idstein ins Urteil geschrieben: »Im Regelfall entsteht eine Schwangerschaft durch Vollzug des Geschlechtsverkehrs. Ausnahmen sind wissenschaftlich ebenso wenig auszuschließen wie der sehr seltene Fall der Parthenogenese.« Das heißt, Jesus hätte neben Bethlehem auch in Hessen zur Welt kommen können. Dann gäbe es in der Kirche statt Hostien jetzt Handkäs und Äppelwoi. Und der wichtigste Apostel wäre nicht Paulus, sondern Heinz Schenk.

> **Parthenogenese beim Menschen gilt als ausgeschlossen. Außer in Hessen**

Bei den Tieren gibt's dagegen viele Beispiele für die Parthenogenese. Nehmen Sie nur die Schnecken. Die pflanzen sich oft ohne Partner fort. Gut, das kann man verstehen. So eine Schnecke lebt höchstens 15 Jahre. In deren Tempo wäre bei Eintritt des Todes gerade mal das Vorspiel vorbei. Aber auch Bienen vermehren sich ganz anders als wir Menschen. Bei den Bienen kann nur die Königin Eier legen. Sonst niemand. Die Chefin des Bienenvolkes. Stellen Sie sich das mal bei uns vor: Wenn wir Kinder wollten, müssten wir alle mit Angela Merkel schlafen. Ich glaub nicht, dass die das will. Die käme ja gar nicht mehr zum Arbeiten. Und Deutschland wäre ohne Regierung. Gut, da würde sich im Vergleich zu den letzten zehn Jahren auch nicht viel ändern. Aber zum Glück haben wir die geschlechtliche Fortpflanzung entwickelt.

**Wären wir wie Bienen, müssten wir alle mit Angela Merkel schlafen**

# 3. Spitz wie Nachbars Lumpi

Wir haben uns zivilisiert und benehmen uns meist so. Wir hauen uns nicht mehr gegenseitig die Rübe ein, sondern halten uns an Normen, die dem Wohl der Allgemeinheit zuträglich sind. Allein unsere Biologie spielt da nicht zuverlässig mit. Kaum ein Trieb ist so tief in unserem Wesen verschraubt und wird so stark vom Unterbewussten gesteuert wie die Sexualität. Zusätzlich ist sie das Intimste, das man teilen kann. Sex hat etwas Heimliches, aber alle wollen alles darüber wissen. So sehr, dass man oft nicht weiß, wo da die Grenze liegt. Zum Glück gibt es in Deutschland für diese Grenze einen wunderbaren Begriff: die »Gürtellinie«. Beim Reden über Sex stellt

**Zwei Kinder auf dem Weg zur Kita: »Du, ich habe gestern ein Kondom auf der Terrasse gefunden!« »Was ist denn eine Terrasse?«**

sich oft die Frage: War das über oder unter der Gürtellinie? Und wo verläuft die Gürtellinie eigentlich?

Wenn Sie in größerer Runde Bemerkungen oder Witze über Sex machen wollen, die sicherheitshalber über der Gürtellinie liegen sollen, ist es entscheidend, dass die erzählerische Distanz zum Geschlechtsakt möglichst groß ist und eher Randgebiete tangiert werden, damit es nicht vulgär oder gar abstoßend wird. Ein Beispiel:

Unterhalten sich zwei Kinder auf dem Weg zur Kita: »Du, ich habe gestern ein Kondom auf der Terrasse gefunden!« Das andere Kind guckt entsetzt: »Was ist denn eine Terrasse?«

Erstaunlich: Obwohl gleichzeitig die Themen Sex und Kinder benannt werden – eigentlich ein absolutes No-Go – entsteht keinerlei Brisanz, die Gürtellinie ist in weiter Ferne. Aber im Laufe des Buches werden wir ihr näher kommen.

Aber fragen wir uns erst mal: Wieso gibt es überhaupt Sex? Wie ist der entstanden? Warum gibt es unterschiedliche Geschlechter?

Wenn man die 4,5 Milliarden Jahre lange Geschichte der Erde auf ein Kalenderjahr umrechnet, entsprechen jedem Tag 12,3 Millionen Jahre. Was gab es wann? Im Januar: nix. Im Februar: nix. März nix. April nix. Erst Anfang Mai kommen die ersten bekannten Existenzformen, die

Bakterien und algenähnlichen Lebewesen, auf. Doch wann kommen die ersten Fische? Juni nix. Juli nix. August nix. September nix. Oktober nix. November nix. Doch, ab November treten die ersten vielzelligen Lebewesen auf, die dem Einzeller Konkurrenz machen. Und hier, exakt am 20. November, schwimmen Fische im Meer. Ende November gehen die ersten Vierfüßer an Land.

Anfang Dezember herrschen an Land die Reptilien. Ausgerechnet in der Adventszeit die Saurier. Das kommt auf dem Weihnachtsmarkt gar nicht gut – Tyrannosaurus Rex am Glühweinstand. Mitte De-

Ohne Höschen auf dem Döschen.
Mel Ramos, Sardine Sarah (2012)

zember die ersten Säugetiere. Die frühesten menschlichen Spuren finden wir am 31. Dezember gegen 17 Uhr. Da hat der Mensch die Bescherung bereits verpasst. Der Homo sapiens taucht erst um 21 Uhr auf, hat also gerade noch drei Stunden Zeit, sich ums Silvesterfeuerwerk zu kümmern. Aber trotz der Verspätung haben wir es geschafft uns festzusetzen und schließlich alle unsere evolutionären Vorgänger eingemacht.

Und dabei spielte der Sex eine gewichtige Rolle: Aber wieso? Warum hat sich die sexuelle Form der Fortpflanzung gegenüber den möglichen asexuellen Alternativen Teilung, Abspaltung, Abschnüren von Ablegern durchgesetzt und bewährt? Wieso gehen wir Beziehungen ein? Die älteste Beziehung, die wir kennen, ist die Feind-Beute-Beziehung. Lebewesen fressen andere Lebewesen – ganz oder teilweise. Und jetzt kommt der entscheidende Punkt: Auch Bakterien, Viren und Pilze gehören zu den Feinden, die abgewehrt werden müssen! Auf die muss sich der Organismus einstellen, wenn er überleben will. Und gegen die haben alle Lebewesen Abwehrschranken entwickelt. Wenn es diese Schranken nicht gäbe, wären alle Lebewesen schon ausgestorben.

**Die älteste Beziehung, die wir kennen, ist die Feind-Beute-Beziehung**

# Singende Mäuse.
## Über Parasiten und den Ursprung des Sex

Das Berliner Museum für Naturkunde – ein faszinierender Ort der Vermittlung von Natur und Geschichte, dessen Besuch allein seine grandiose Forschungssammlung lohnt, die Fische, Krebse, Säugetiere und Amphibien bereithält, feucht gelagert in 276.000 Gläsern in über 80.000 Litern Alkohol, und die deshalb auch »Alkohol-Sammlung« genannt wird, tatsächlich aber eine Schatzkammer und ein einmaliger ästhetischer Genuss ist mit seinen raumhohen lichtdurchfluteten Regalen und den unendlichen Reihen der Präparate – dieses Museum hat eine Wanderausstellung konzipiert: »Parasiten – Life Undercover«. Die Schau beginnt mit der These: »Niemand lebt wirklich allein. Der Mensch wird von mehr als 50 Parasitenarten heimgesucht, die sein Blut saugen, ihm auf den Pelz rücken und seinen Darminhalt fressen. Der Begriff Parasit bezeichnet keine bestimmte Tiergruppe, sondern charakterisiert eine besondere Lebensweise. Parasitisch lebende Formen finden sich vom Einzeller bis zu den Säugetieren. Für die meisten Menschen sind Parasiten

gleichbedeutend mit abstoßendem Ungeziefer und schrecklichen Erkrankungen. Aber im Zusammenspiel mit ihren jeweiligen Wirtsorganismen haben Parasiten erstaunliche Überlebensstrategien entwickelt.«

Und sie haben zu erstaunlichen Resultaten der Evolution geführt. Zwischen Parasit und Wirt – ein schönes Wort für den Gastgeber der unbestellten Einquartierung – besteht ein Zwangsverhältnis. Der Wirt muss sich dem ungewollten Besucher anpassen, mitunter sehr rasch. In der Regel haben Parasiten kürzere Lebenszyklen und vermehren sich schneller. Die Folge ist eine hohe Anpassungsfähigkeit: Sie können immer bessere Strategien für ihr Interesse am Wirt entwickeln. So entsteht die Gefahr, dass sie durch die schnellere Gangart in der Evolution den Austausch mit dem Wirt dominieren. Um nun die Varianz und die Menge der Gene zu erhöhen, hat die Natur die Sexualität als Fortpflanzungsstrategie an Stelle der Zellteilung erfunden. Durch die sexuelle Fortpflanzung werden die Gene kräftiger durchmischt, es können neue Kombinationen entstehen. Und darunter finden sich meist einige,

die auf die schnell wachsenden Veränderungen der Umwelt – und dazu gehören die Angriffe der Parasiten – besser abgestimmt sind. Erst durch die sexuelle Fortpflanzung steigt die Chance, bei der Lotterie der Selektion ein besseres Los zu ziehen. Auf das Parasit-Wirt-Verhältnis bezogen heißt es in der Ausstellung: »Die Wirte haben den Sex für den genetischen Austausch entwickelt, so wird die Evolutionsgeschwindigkeit erhöht. Ohne den Druck von Krankheitserregern gäbe es keinen Sex und kein Immunsystem.«

Das gilt nicht nur für die niederen Lebewesen, wie ein Beispiel aus der Welt der Mäuse zeigt. Die Weibchen sind in der Lage, am Urin der Männchen zu riechen, ob diese von Parasiten befallen sind, und sie meiden den Sex mit ihnen. Täten sie das nicht, wären eine mindere genetische Qualität der Nachkommen und ein geringerer Erfolg bei der Fortpflanzung die Folge. Die Männchen wiederum kennen ein gegenteiliges Signal: Ausdauernder »Gesang« signalisiert den

**Ohne den Druck von Krankheitserregern gäbe es keinen Sex**

Weibchen Fitness, körperliches Wohlbefinden, Ausdauer und damit auch Resistenz gegen Parasiten. So lehrt die Evolution: Singende Männchen haben mehr Chancen auf Sex.

Die asexuelle Fortpflanzung eignet sich vor allem bei Lebewesen, die mit einer sehr hohen Todesrate zu kämpfen haben. Langfristig führt sie aber zu einer Ansammlung schädlicher Mutationen im Erbgut. Und asexuelle Fortpflanzung birgt noch eine weitere, mitunter tödliche Gefahr: Parasiten machen sich die Schwächen derart geklonter Populationen zu Nutze. Mit nur einer Standardmasche können sie nämlich mit Leichtigkeit eine gesamte Population befallen.

# 4. Sex kontra Schädling

Nun sind Parasiten hartnäckig und entwickeln immer neue Gegenmittel, um die Abwehr auszuschalten. Und in diesem Wettlauf ist die Sexualität entstanden! Denn Bakterien sind an sich extrem einfache Lebewesen mit sehr wenig Genmaterial. Sie vermehren, kopieren oder vervielfältigen sich ganz einfach. Die schnelle Generationenfolge ermöglicht sehr viele Mutationen und Varianten, viel mehr als bei großen Lebewesen. So finden die kleinen zwangsläufig irgendwann den Schlüssel zum Sicherheitssystem der größeren. Wäre nicht die Sexualität erfunden worden! Denn was bewirkt sie?

Wenn es zum Austausch von Genen zwischen den Zellen kommt, ändert sich die genetische Zusammensetzung des Lebewesens und dadurch das genetisch-chemische Erkennungsprogramm auch ohne Mutation. Das ist der Knüller! Die Sexualität hat also eine ganz andere Bedeutung, als ihr beispielsweise die katholische Kirche zuordnet.

»Der Sex ist nur für die Fortpflanzung da!« Das ist völliger Quatsch. Sexuelles Verhalten, also der Austausch von Genen, hat nur an zweiter Stelle mit

Traumberuf Flugbegleiter. Octave Tassaert, Femme damnée (1860)

der Vermehrung der Lebewesen zu tun. Sexualität geschah zuallererst unter dem Druck der Feindabwehr!

**Ein Wirt, der überleben will, muss hin und wieder sein Programm ändern**

Als Selbstschutzverfahren des Wirtes gegen Parasiten. Das ist, als ob sie eine Kneipe haben, und jeden Abend kommen die Rocker da rein, saufen und zahlen ihren Deckel nicht. Dann geht der Wirt ein. Und dagegen hilft nur eins: statt Rockmusik mal Florian Silbereisen auflegen. Dann bleiben die weg. Das heißt: Ein Wirt, der überleben will, muss sein Programm ändern können. Und in der Natur eben das genetische. Denn wenn man sich immer aus sich selbst reproduziert wie die Blattlaus, geht das in Ordnung, solange man gesund, munter und stark ist. Aber mal angenommen, man ist krank, schwach, anfällig oder ein Trottel. Dann gerät man evolutionär ins Hintertreffen. Man reproduziert sich dann 10 000- oder 100 000-mal. Und zwar krank, anfällig oder eben als Depp. Das will die Natur nicht. 10 000 Deppen. Was das bedeutet, kennt man von PEGIDA. Und so kam es zur Entwicklung der geschlechtlichen Fortpflanzung.

Weil man in dem Moment, wo mehrere Individuen an der Vermehrung beteiligt sind, mehr Mischung bekommt, was gesünder ist. Man kennt das aus Familien, in denen alle Kinder irgendwie doof aussehen, nur eins ist hübsch. Dann weiß man: Hier hat die Evolution ein Element hinzugefügt, das nach

Darwin für die Entwicklung der Arten enorm wichtig ist: den Bofrost-Mann.

Aber natürlich bringt die geschlechtliche Vermehrung viel Trouble mit sich. Denn wenn man zwei braucht, die sich fortpflanzen, dann muss man die zwei auch zusammenbringen. Und die müssen Lust aufs Fortpflanzen haben. Ja, das ist beim Einzeller nicht nötig. Der kann nicht sagen: »Ich will nicht, ich hab Kopfschmerzen.« Der hat überhaupt keinen Kopf. Während wir uns erst mal nen Kopf machen

müssen, überhaupt den richtigen Partner zu finden. Das wird auf einmal zur Lebensaufgabe, die alle Aufmerksamkeit erfordert. Und deshalb ist Sex ja auch Thema Nummer eins. In der Tierwelt, in der Pflanzenwelt und bei uns Menschen, und das nicht erst seit der Erfindung des Internets, wie die Tempel bei Khajuraho in Indien zeigen.

Rund 1000 Jahre alt, gehören sie heute mit ihrer putzmunteren Posenvielfalt zum UNESCO-Weltkulturerbe und werden aufwendig restauriert und geschützt. Die Fülle der heiteren und erotischen Darstellungen würde auch weit dickere Bücher sprengen.

# 5. Der Eros ist gierig

In unserem Bewusstsein war und ist der Sex immer vorhanden.

Das hat zum Beispiel auch ein Experiment von Psychologen in den USA ergeben. Die haben einander vollkommen fremde Menschen, Männer und Frauen, in einen sehr dunklen Raum gesteckt und geguckt, was sie tun. Und: Erst gab es Gespräche … Und dann fingen alle irgendwann an sich anzufassen. Ja, die haben automatisch angefangen zu fummeln. Nur, weil die im Dunkeln anonym waren. Und die Probanden wollten danach auch immer wieder in den dunklen Raum und weitermachen. Das heißt, sobald man Menschen in einen Raum steckt und das Licht ausmacht, kommt es zum Sex. Was meinen Sie, warum in Discos, Clubs und Kinos die Beleuchtung so dürftig ist? Sicher nicht, um Strom zu sparen.

**Sobald man Menschen in einen Raum steckt und das Licht ausmacht, kommt es zum Sex**

Diese Hinwendung zum Sex, wenn man unbeobachtet scheint, sieht man auch im Internet. Es passiert ja oft, dass Frauen abends nach Hause kommen und überraschend mitkriegen: Ihr Mann schaut sich im Internet eine Seite mit schmuddeligem und ekligem Inhalt an. Sie wissen, was ich meine: Er ist auf der Website der AFD. Oder auch auf einer Pornoseite. Das ist nicht unwahrscheinlich. Denn über ein Drittel des Datenverkehrs im Netz hat pornografischen Inhalt. Pro Sekunde werden 30 000 pornografische Filme runtergeladen. In Deutschland konsumieren 60 Prozent der Männer und 10 Prozent der Frauen mindestens einmal die Woche Pornos im Netz. Und jetzt das Verblüffende: Rund 70 % der pornografischen Daten werden an Werktagen zwischen 9 und 17 Uhr abgerufen. 70 %! Da wundert man sich doch, dass in deutschen Büros überhaupt noch gearbeitet wird. Das Wort »Gleitzeit« bekommt da eine ganz neue Bedeutung. Wobei der Besuch einer Pornoseite im Schnitt nur acht Minuten dauert. Acht Minuten. Das ist übrigens auch statistisch die durchschnittliche Länge des Geschlechtsverkehrs in Deutschland. Acht Minuten. Viele wundern sich: »Was? Acht Minuten? Was machen denn die ganzen Leute noch, wenn ich schon sieben Minuten schlafe?« Aber natürlich stellt sich die Frage: Ist das gut, dass sich in einer Gesellschaft so viele Leute Pornos im Netz anschauen? Gerade Jugendliche sehen da oft vor dem ersten Sex Dinge, die sie nicht verstehen. Auch eine unrealistische Darstellung von Sex. Ja, nehmen Sie nur mal den typischen Pornofilm. Da klingelt es an der Tür. Die Frau macht schon halb nackt auf, davor steht der Handwerker und sagt: »Hallo, ich möchte ein Rohr verlegen.« Und dann kommt der rein, und die haben direkt zwei Stunden Sex. Und dann sagt er: »Du warst super, Baby.« Das ist doch unrealistisch. Ein deutscher Handwerker würde nach spätestens 30 Minuten zu seinem Wagen rausgehen und Frühstückspause machen. Und der Lehrling würde die ganze Zeit doof danebenstehen und rauchen. Der Handwerker würde auch nach zwei Stunden nicht sagen: »Du warst super, Baby«, sondern: »Brauchen Sie unbedingt eine Rechnung?« Und diese unrealistischen Darstellungen sehen dann junge Leute. Und die können das ja oft nicht mit ihren Vorstellungen vom Leben zusammenbringen. Ich weiß noch in meiner Jugend. Da war das auch so. Ich glaubte zum Beispiel lange tatsächlich noch an den Klapperstorch. Bis ich dann zum ersten Mal Kondome gesehen habe. Und da haben mir Mitschüler erklärt, dass man damit Kinder verhindert. Und ich hab noch Jahre danach darüber nachgedacht, wie man so einen Riesenstorch in ein Kondom rein-kriegt. Und jetzt ist das ganze Internet voll mit Pornos. Wo sich viele fragen: Ist das richtig? Soll man das nicht verbieten?

»PorNo« heißt es seit 1987 bei Alice Schwarzer. Oder aktuell: »Die Evolution hat eure in der Urzeit programmierten

Hirne nicht vorbereitet auf die Internetpornos von heute.« So warnt die populäre Website »Your Brain on Porn«. Auch der Papst warnt vor den Gefahren im Internet, das sei geistige Umweltverschmutzung. Gut, wahrscheinlich ist er nur neidisch auf Twitter. Allein Lothar Matthäus hat da 10 000 Leute, die ihm folgen. Jesus hatte nur 12.

**Lothar Matthäus hat 10 000 Leute, die ihm folgen. Jesus hatte nur 12**

Aber nehmen wir mal an, Pornografie sei tatsächlich sowohl frauen- als auch männerfeindlich, so durch und durch schädlich, wie die Pornohasser behaupten, vor allem so künstlich, da sich jeder vor der Kamera anders verhielte als im wahren Liebesleben. Wie hat man sich dann die natürliche Sexualität vorzustellen? Den Naturzustand, für den unser in der Steinzeit programmiertes Gehirn gemacht ist?

Alice Schwarzer rät gar den Frauen ernsthaft, ihre Männer zu verlassen, wenn diese heimlich Pornos gucken. Dann wären in Deutschland gerade noch 500 Menschen verheiratet, und die würden alle eine schwarze Brille und einen weißen Stock tragen.

# 6. Erregende Literatur

Die Geschichte drucktechnischer Machwerke mit fleischeslüsternem Inhalt ist eine Geschichte der Verbote und Scheiterhaufen.

Aber auch die Geschichte schillernder Erotiker und mutiger Maler. Giulio Romano, ein Schüler Raffaels, war vom Vatikan beauftragt, die Sala di Costantino mit Fresken zu verzieren. Eine ehrenvolle Aufgabe, mögen Sie denken, die heiligen Gemächer des Vatikans auszugestalten. Doch sagen wir es gleich: Der Papst zahlte beschissen! Weit unter Mindestlohn. Man wurde arm trotz Arbeit. Der Protest gegen den kirchlichen Dumpinglohn konnte effektvoller nicht ausfallen: Giulio Romano pinnte Pornos auf den päpstlichen Putz. Sage und schreibe sechzehn kühne Liebesstellungen in solch künstlerischer Brillanz, dass sie schnell berüchtigte Berühmtheit unter den Klerikern, Kaplänen und Kardinälen erlangten, die gerne inkognito vorbeischauten. Keiner konnte sich dem Bann entziehen, vor jedem Pontifikalamt musste man sich noch mal schnell an den pikanten Stellungen ergötzen – nach der alten katholischen Sexuallehre: »Jetzt gehn wir

**Giulio Romano pinnte Pornos auf den päpstlichen Putz**

erst mal in den Puff, da haben wir dat schon mal aus dem Kopp!«

Als allerdings ein römischer Zeichner die Bilder in Kupfer übertrug und ein kleines Büchlein auf den Markt brachte und damit jedermann – und sicher auch manche Frau – erfreuen mochte, war das Maß überschritten.

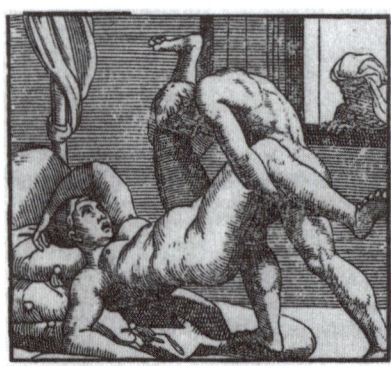

Sex mit Voyeur. Vielleicht ein Kardinal auf dem Weg in die Sixtinische Kapelle?

Der Papst schmiss den despektierlichen Drucker kurzerhand in den Kerker, und die Bücher wurden fachgerecht verbrannt. So waren die »Modi« (Stellungen) eines der ersten Werke, das auf dem kirchlichen Index der verbotenen Bücher erschien. Welch eine Ehre! Es waren jedoch weniger die verschollenen Zeichnungen, die die Geschichte des Buches wachhielten, als die Sonette von Pietro Aretino.

Er wurde von Tizian im Palazzo Pitti verewigt und selbst Georg Büchner soll, sagt man, kurz vor seinem Tod ein Drama über den Meister geschrieben haben. Aretino war mit dem Kupferstecher befreundet, half ihm aus dem Gefängnis und schrieb zu jeder der 16 erotischen Zeichnungen ein Sonett, das in ebenso schnörkelloser wie erregender Sprache keinerlei sexuelle Fragen offen lässt:

»Seht doch, wie er mit den Armen umfängt
Ihre Beine und sie hoch an seine Seite knöpft,
Und wie sehr sie dabei das Vergnügen bedrängt.
Nicht kümmert die beiden, ob sie's erschöpft,
Wollen nichts, als daß sich ihre Lust vermengt,
Bis am Ende sie eine Ohnmacht köpft.

Doch aufrecht schöpft heftig Atem das Paar,
ganz aufs Vergnügen bedacht.
Und solange dies währt, dauert die Pracht.«

Also ich finde, der Vatikan sollte die »Modi« wieder als Fresko auf die päpstlichen Gewölbe bringen und die Texte Aretinos dazu auslegen, in Latein und allen anderen Weltsprachen. Denn nichts passt besser zum religiösen Verständnis katholischer Sexualmoral als diese Geschichte eines Priesters:

Der Erzbischof besucht das Pfarrhaus und stellt fest, dass der Pfarrer sich mit seiner Haushälterin Schlafzimmer und Doppelbett teilt. »Was hat das zu bedeuten?!«, fragt der Bischof streng. Das sei kein Problem, erläutert der Priester. Man habe das Zimmer in der Mitte der Matratze mit Tesakrepp in zwei Hälften geteilt. Und immer wenn einer in die verbotene Hälfte des anderen käme, zahle er 10 Cent Strafe.

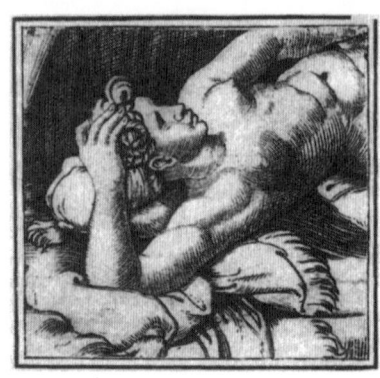

»Na, das ist ja nun nicht viel!«, mahnt der Bischof. »Och«, meint der Priester, »das läppert sich aber zusammen!«

Da ist die Gürtellinie ganz weit weg, der geht auch auf der Kommunionsfeier.

## Porno oder
## PorNO.
### Eine Gattung
### der Literatur

Die Literatur über die »Stellungen« hat immer schon ihr Publikum gefunden, aber was für die einen Pornografie ist, gilt anderen als Gebrauchsanweisung. Der »Cento Nuptialis« des Autors und Staatsbeamten Ausonius wurde von römischen Ärzten etwa als Lektüre zur Behebung von Impotenz empfohlen.

Das Wort Pornografie ist aus dem Griechischen abgeleitet und meint das Schreiben über die käufliche Liebe, wobei mit »Pornai« die Prostituierten gemeint waren im Gegensatz zu den »Hetären« – ein feiner, aber nicht unerheblicher Unterschied in Ansehen, Stellung und nicht zuletzt im Honorar – heute in etwa vergleichbar mit dem Abstand vom Straßenstrich zum Escortservice. In gewisser Weise hat auch die Wortgeschichte damit zu tun. Taucht doch der Begriff Pornografie erstmals 1769 bei einem französischen Romancier

auf, der in dem Briefroman »Le pornographe« staatlich kontrollierte Bordelle vorschlägt und einen Mindestlohn für die Sexarbeiterinnen fordert.

Davon ist allerdings bei Literatur unter dem Etikett »Pornografie« kaum die Rede.

Man nimmt in der Regel Männer als Autoren an, aber schon in der griechischen Antike wurde eine Autorin gerühmt, Elephantis, Verfasserin eines reich bebilderten Ratgebers über Stellungen beim Akt, der zwar nicht überliefert ist, den aber offenbar jeder kannte, so häufig wird er in der Literatur er-

Die Kunst mag sich ändern …

wähnt. Es wird auch berichtet, dass er Kaiser Tiberius als Vorlage bei der Ausstattung seines Schlafgemaches diente. Ähnlich auch die Schriftstellerin Philainis, gebürtig in Samos, deren Werk aus dem 3. Jahrhundert bei römischen Gastgelagen als Impulstext diente, sich über die verschiedenen Stellungen auszutauschen, vor allem als Disputgrundlage über die Frage, welche Vor- und Nachteile die jeweiligen Positionen haben, bis hin zu Versuchen, diese in situ nachzustellen.

... die Modi bleiben gleich.

Diese Epoche beziehungsweise die Einstellung der Antike dient der Renaissance im 15. Jahrhundert als Vorbild, in der Pietro Aretino nicht nur die verbotenen »Sonetti lussuriosi«, die Verse zu den Bildern des Giulio Romano, verfasste, sondern auch die immer wie-

der gedruckten »Ragionamenti«, Hetärengespräche. Zwei Prostituierte, Nanna und Antonia, unterhalten sich über die beste Lebensweise, wobei Nanna, die schon Nonne, Ehefrau und Prostituierte war, mit Nachdruck vertritt, dass eine Frau nur als Dirne die optimale Möglichkeit habe, am gesellschaftlichen Leben teilzunehmen, sich nie in die Männer zu verlieben, nicht von ihnen betrogen und ausgenutzt zu werden. Neben aller pornografischen Etüde ist das auch eine Parodie auf die damals gängigen Tugendlehren und die Idealisierung der Frau, wie sie in der Nachfolge von Petrarca üblich war.

Aber selten hat jemand das Thema Sex auf eine so knappe und realistische Formel gebracht wie Casanova, als er sein Geschlecht der Geliebten erklärte: »›Das ist das Verbum‹, sagte ich, ›der große Schöpfer der Menschen‹.« Grandios. Und sicherlich auch eine Anspielung auf den großen Mythos vom Wort, das ja, wie in der Genesis behauptet, am Anfang von allem, eben der Schöpfer sei.

Und noch etwas: Erotische Literatur oder das Sprechen über das eine, was körperlich so selbstverständlich, aber so schwierig in Worte zu fassen ist, hat es immer gegeben, in allen Epochen, Zeiten und Kulturen. Man geht auch fehl in der Annahme, es habe im Laufe der Zeit eine Entwicklung vom Poetischen zum Pornografischen stattgefunden: Es hat immer beides gegeben. Und zu seiner selbstverständlichen Existenz gehörten immer auch das Tabu und das Verbot. Doch wahrscheinlich macht das einen Teil der Lust an der Lektüre aus. Bibliotheken hatten eigene Abteilungen, Gemächer, Giftschränke mit nur lizensiertem Zugang zu verbotenen Büchern. Die Nationalbibliothek in Paris etwa kennt einen eigenen Bestand mit dem Titel »Enfer«, zu deutsch Hölle, der ursprünglich protestantische und kirchenkritische, später auch pornografische und andere verbotene Schriften umfasste. Daran wird schon deutlich, dass vor allem die Pornografie vor der französischen Revolution oft auch ein emanzipatorisches Potenzial kannte, wenn die Texte in ihrer Grenzüberschreitung in politische und vor allem Kirchen- und Religionskritik eingebettet waren.

Heutzutage braucht es keine Giftschränke mehr, immer wieder erscheinen Buchreihen oder Supplements, die die schönsten, literarischsten pornografischen Texte versammeln. Zuletzt hat das im deutschen Sprachraum Roger Willemsen getan, der Erotika aus drei Jahrtausenden zusammengetragen und unter dem schönen Titel »Das Tier mit den zwei Rücken« großartig ediert hat. Der Band ist in jeder gut sortierten Buchhandlung zu finden.

Die Verse von Pietro Aretino gibt es munter und modern ins Deutsche übertragen und mit den Originalstichen von Giulio Romano versehen in einem ebenso großen wie großartigen Band, herausgegeben von dem Berliner Schriftsteller Thomas Hettche unter dem Titel »Stellungen. Vom Anfang und Ende der Pornografie« – leider nur noch im Antiquariat.

Giulio Romano, Mitarbeiter und Meisterschüler Raffaels in Rom, avancierte zu einem der berühmtesten Architekten und Künstler des Manierismus. Immer noch sind seine spektaku-

**Erotische Literatur hat es immer gegeben, in allen Epochen, Zeiten und Kulturen**

Klassischer Unterricht in der
Camera di Amore e Psiche
im Palazzo Te

lären Fresken in einem seiner
bekanntesten Bauwerke, dem
Palazzo Te vor den Toren der
Stadt Mantua, zu bewundern.
Bilder mit teils mythologischen,
teils biblischen Szenen, deren
körperliche Details nur deshalb
nicht Kindern und Jugendlichen
vorenthalten werden, weil es

sich um große Kunst handelt.
Für einen Besuch sollte man
sich genügend Zeit nehmen.

Die Vielfalt und Verbreitung der Pornografie zeigt, wie sehr der Mensch mit dem Thema Sex beschäftigt ist. Auch wenn die Sexualität trotz ihrer Allgegenwart für jeden Einzelnen von uns etwas sehr Intimes hat, das in der Regel im Verborgenen stattfindet und nicht in aller Öffentlichkeit. Tiere haben das Problem nicht.

Manche Lebewesen brauchen vor dem Sex Überredungskunst. Andere einen Wagenheber.

Die brauchen keine Pornos, die müssen nur die Augen aufmachen, überall Paarung, Brunst, Vögeln auf den Bäumen und auf dem Feld ein Mausfick. Das Interesse ist einfach zu groß. Auch wegen des Hauchs des Verbotenen, der immer noch über der Sexualität liegt. Schließlich wurde doch noch in unserer jüngsten Vergangenheit Sexualität verschwiegen und nur im Stockdunkeln betrieben. Und selbst Naturvölker, die fast immer nackt herumlaufen, ziehen sich zum Sex zurück ins Bambus-Separee. Und das ist das

**Selbst Naturvölker, die nackt herumlaufen, ziehen sich zum Sex zurück**

Spannende am Sex. Das Verborgene. Die Erotik. Doch was ist Erotik? Wenn es um mehr geht als eine flüchtige Entleerung. Um mehr als Fortpflanzung. Tiere haben keine Erotik, hier dominiert der Trieb. Deshalb ist übergriffige Anmache so entsetzlich unerotisch. Aber woher kommt das große Interesse am Sex? Ganz einfach: aus unserem Stammhirn.

Auch hier wird die Gürtellinie bei Weitem nicht unterschritten.

»Zu mir oder zu dir?« – »Wieso?
Haben Sie ne feuchte Wohnung?«
Édouard Manet, Im Treibhaus (1879)

# 7. U-Turn der Lust

Mit der Entwicklung der sexuellen Fortpflanzung wurden Sex und Paarung bei vielen Tierarten und beim Menschen zum Thema Nummer eins. So sehr, dass die Biologie Tieren, die keine Zeugungsfähigkeit mehr haben, eigene Namen gibt. Ein männliches Pferd heißt dann Wallach, ein zeugungsunfähiger Stier Ochse, ein Hahn Kapaun. Und ein Esel, der keinen fruchtbaren Sex mehr hat, heißt Macker. Ehrlich. Ich muss dann immer lächeln, wenn mir eine Frau sagt: »Mir geht's gut. Ich hab nen neuen Macker.« Aber keinen Sex mehr haben zu können, empfinden viele als schwere Schädigung. Deshalb boomt ja auch der Verkauf von Viagra. Kein Medikament hat höhere Zuwächse im Verkauf. Und das trotz der Nebenwirkungen. Durch Viagra bekommt man Sehstörungen. Viele Männer fragen heute nach dem Sex nicht mehr: »Wie war ich?«, sondern: »Wo bin ich?«

**Durch Viagra bekommt man Sehstörungen. Viele Männer fragen heute nicht mehr: »Wie war ich?«, sondern: »Wo bin ich?«**

Wobei es immer schon Mittel gab, die angeblich aphrodisierend wirken. Nashornhörner, Tigerhoden oder bis heute beliebt: Austern. In China gibt es ein luststeigerndes Gericht, das besteht aus Froschschenkeln, Rüben, Aal, Schildkrötenfleisch und Quitten. Wer öfters mit der Deutschen Bahn fährt, kennt das als »Chili con Carne«.

Alle Lebewesen wollen sich fortpflanzen. Und der Austausch von Körperflüssigkeiten zwecks Fortpflanzung hat sich bei 99,9 % der Tierarten durchgesetzt. Das bringt natürlich große Probleme mit sich. Zum einen durch die beiden Geschlechter. Denn geschlechtliche Fortpflanzung hätte es ja auch ohne zwei Geschlechter geben können. Es hätte sich ja auch einfach jedes Individuum mit jedem paaren können. Ich war Rosenmontag schon in Kölner Kneipen, wo das versucht wurde. Und das wäre praktisch, dann müsste man nicht immer nach dem anderen Geschlecht suchen. Denn das ist schwer. So sehr, dass manche Tierarten sogar das Geschlecht wechseln, wenn es von einem zu wenig gibt. Ein gutes Beispiel sind Wasserflöhe. Wenn es in einem Teich zu viele Männchen gibt, dann werden einige Männchen einfach zu Weibchen. Oder sie haben zwei Geschlechter und befruchten sich selbst. Ein Verfahren, das auch bei Menschen praktisch wäre. In Gegenden, wo es kaum Frauen gibt. Wie zum Beispiel in Aachen, da steht die renommierte Rheinisch-Westfälische Technische Hochschule, RWTH. Da ist es wie im Jesuitenkloster. Denn es gibt dort fast nur männliche Studenten. Sie kennen alle den Spruch: »1000 Männer, keine Frau, ich studier' Maschinenbau.« Oder: »Keine Frau, kein Sex und schmächtig, ich studier' Elektrotechnik.« Wäre doch toll, wenn die sich selbst befruchten könnten. Und ich bin sicher: Einige Maschinenbau-Studenten in Aachen haben das lange vergeblich probiert.

Geschlechtliche Fortpflanzung heißt aber immer, dass man einen Partner suchen muss. Die Natur macht das andauernd. Denn geschlechtliche Fortpflanzung findet man sogar bei Obstbäumen, Topfpflanzen, Ziersträuchern und in Blumenrabatten, wenn darin Herren- und Damenkegelclubs des Nachts bei ihren berüchtigten feuchtfröhlichen Ausflügen übereinander herfallen. Fahren Sie mal zum Sauerlandstern nach Willingen, an Himmelfahrt nach Bad Hönningen oder zum Ballermann, dann wissen Sie, was ich meine. Aber tatsächlich ist das größte Problem bei der geschlechtlichen Fortpflanzung: Wie kriegt man die Zellen von dem einen zu den Zellen von dem anderen? Zum Beispiel Birken. Die können ja nicht in die Kneipe gehen und eine andere Birke anquatschen. Also geben die ihren Samen in Form von Pollen an die Luft ab, und der fliegt durch die Gegend, bis eine andere Birke den aufnimmt. So sichert die Birke das Überleben von zwei Arten. Von sich selbst und von Hautärzten, die Allergietests anbieten.

**Geschlechtliche Fortpflanzung findet man sogar bei Obstbäumen, Topfpflanzen, Ziersträuchern und in Blumenrabatten**

Die Natur hat unglaublich viele Methoden entwickelt, wie die geschlechtliche Fortpflanzung funktioniert. Raubmilben zum Beispiel haben Sex, indem das Männchen dem Weibchen ins Bein beißt. Da hat nämlich das Weibchen ihr Geschlechtsteil, und das Männchen hat die Samenzellen im Kiefer. Wenn die Männchen da Probleme mit dem Sex haben, gehen die nicht zum Urologen. Die gehen zum Zahnarzt. Salamander paaren sich noch seltsamer. Da legt das Männchen Samenpakete auf dem Boden ab und lockt das Weibchen dann so an, dass es mit seiner Geschlechtsöffnung über die Samenpakete rutscht und so befruchtet wird. Allerdings passiert es oft, dass nach dem ersten Männchen noch ein zweites kommt und auf die Samenpakete des einen wiederum seine eigenen legt und dann das angelockte Weibchen vom zweiten statt vom ersten befruchtet wird. Das heißt, ein Salamander geht vor, der zweite hinterher und dann das Weibchen. Ein sexuelles Prinzip, das wir heute als Menschen noch nachahmen. Als Polonaise.

## 8. Männer wollen immer – Frauen können immer

In der ganzen Natur sehen wir das Prinzip, dass die Männchen um die Befruchtung der Weibchen balzen, kämpfen oder sich Tricks ausdenken, um ihren Samen unterzubringen. Während die Weibchen selektieren, welches Männchen ihnen gefällt. Männchen und Weibchen haben also unterschiedliche Vermehrungsstrategien. Und Möglichkeiten. Das sehen wir schon im Guinness-Buch der Rekorde. Hier entdecken wir den marokkanischen Sultan Mulai Ismail.

Der hat 888 Kinder gezeugt. Nicht mit einer Frau natürlich. Dazu hat er zahlreiche Gattinnen und Konkubinen begattet. Allein im Jahr 1704 schenkten ihm die Frauen 40 Söhne in nur drei Monaten. Da könnte selbst die

MULEY ISMAEL
Kayser von Marocco König von
TAFILET, FETZ, SUZ, und TARADUNT
LXXXII Jahr alt.

Blattlaus einen Hauch von Neid bekommen. Aber ich kann das Lausmädchen beruhigen: Bei uns Menschen liegt der Rekord für Frauen bei nur 69 Nachkommen. Dieser Rekord ist von einer russischen Bäuerin aufgestellt worden. Sie gebar, warum auch immer, ausschließlich Zwillinge und Drillinge. So sehr die Leistung der Russin auch imponiert, gegen den Sultan hatte sie nicht die geringste Chance. Bei der Gattung Säugetier gilt immer: Ein Männchen kann immer viel mehr Nachwuchs zeugen, als ein Weibchen je zur Welt bringen kann. Warum? Beim Männchen reicht ein einziges Spermium, von dem es Millionen hat. Eine extrem billige Investition. Weibchen hingegen müssen nicht nur im Vergleich dazu bombastisch große Eizellen produzieren. Die Schwangerschaft ist nicht ohne, und nach der Geburt geht es weiter mit Stillen, Aufzucht und Babyschwimmen. Das ist dann Marktwirtschaft: viele Spermien, wenige Eizellen. Und immer, wenn sehr viele um sehr wenig konkurrieren, erhöht sich der Preis. Das heißt, man muss sich als Männchen was ausdenken und den Einsatz erhöhen, um zum Zug zu kommen. Die Männchen balzen daher in der Natur nicht nur um das Weibchen, die versuchen sich auch gegenseitig zu übertreffen. Weswegen Männer auch heute noch mit ihrer sexuellen Leistungsfähigkeit prahlen. Wie in dieser Geschichte: Sagt der Erste: »Ich hab gestern Nacht dreimal mit meiner Frau geschlafen und heute

**Das ist Marktwirtschaft: Viele Spermien, wenige Eizellen. So erhöht sich der Preis**

Morgen hat sie mir ins Ohr geflüstert, dass ich der Tollste bin.« Der Zweite: »Ich habe letzte Nacht fünfmal mit meiner geschlafen, und heute Morgen hat sie mir gesagt, dass ich der beste Liebhaber aller Zeiten bin.« Sagt der Dritte: »Ich hab letzte Nacht einmal mit meiner Frau geschlafen.« »Was, nur einmal? Und was hat sie heute Morgen gesagt?« »Hör nicht auf!«

Auch wenn wir ihr langsam näher kommen, wir befinden uns nach landläufiger Wahrnehmung immer noch über der Gürtellinie.

Männer überschätzen sich meist maßlos. Und haben oft auch unsinnige Vorstellungen davon, wie viel Sex man haben sollte. Es gibt ja immer wieder Umfragen, wie häufig die Leute miteinander schlafen. Letztens habe ich noch eine gelesen, die sagte, den meisten Sex in Europa hätten die Österreicher in ihren Alpentälern. Wenn der österreichische Mann fragt: »Wer hier im Dorf will heute mit mir Sex haben?«, kriegt der statistisch meist 10 positive Antworten von potenziellen Sexualpartnerinnen. Eine sagt »Ja«. Die anderen neun sagen »Muh«. Viele Statistiken sprechen davon, dass die Deutschen im Schnitt viermal die Woche Sex haben. Aber das ist Quatsch. Das sind Untersuchungen, die meistens von Kondomherstellern unter ganz jungen Leuten gemacht werden. Viermal die Woche. Mal ehrlich: Wer möchte das? Wenn man etwas häufig macht, verliert es ja auch seinen Reiz. Was will man schon an tollen Dingen viermal die Woche? Hätten Sie Lust, viermal die Woche in die Oper zu gehen? Oder viermal die Woche in ein superfeines Gourmetrestaurant? Oder viermal die Woche ins Fußballstadion? Gut, ich vermute: Das mit dem Fußballstadion war jetzt ein schlechtes Beispiel.

## Zu dir oder zu mir?
### Wer hat mehr vom Sex – Mann oder Frau?

Lange schon rätseln Forscher über den biologischen Zweck des menschlichen Orgasmus. Bei Männern ist klar, er befördert den notwendigen Samenerguss. Aber Frauen können auch ohne orgiastischen Rausch empfangen. Welche Funktion hat er dann? Eine These, die sogenannte Aspirationshypothese, geht davon aus, dass der weibliche Höhepunkt durch seine begleitenden Bewegungen das Sperma zügiger in die Gebärmutter transportiert. Die Nebenprodukthypothese vermutet dagegen, die Frauen hätten in einer Art Simulation und ohne evolutionären Nutzen den Orgasmus von den Männern übernommen. Es gibt ähnliche Phänomene von Nebenprodukten ja auch in der Männerwelt. Aus einem biologisch nicht erklärbaren Grund haben Männer ja auch Brustwarzen oder gehen junge Väter zur Schwangerschaftsgymnastik.

Nun ist das Rätselraten nicht neu. Schon die Griechen haben sich dazu Gedanken gemacht. So stritten, wie die Mythologie erzählt, Zeus und seine Gattin Hera, wer mehr Vergnügen habe beim Sex. Sie fragten bei dem Seher Teiresias nach. Der hatte den schlagenden Vorteil, dass er beides kannte, männliche und weibliche Lust inklusive Orgasmus, war er doch erst Mann gewesen, dann Frau und schließlich wieder Mann. Es lag also ausreichend Gendererfahrung vor.

Teiresias war nämlich bei einem Waldspaziergang auf ein kopulierendes Schlangenpaar gestoßen. Er fand das abstoßend und erschlug eine der beiden. Allerdings waren das heilige Schlangen, und da er die weibliche traf, wurde er zur Strafe umgehend in eine Frau verwandelt. So zog »sie« fortan von Dorf zu Dorf, eröffnete übrigens auch das erste Bordell auf dem griechischen Festland, und traf eines Tages wieder auf zwei sich paarende Schlangen. Diesmal erschlug sie – also Teiresias, oder genauer Teresia? – das Männchen und wurde – zur Strafe – wieder zum Mann.

Er war also der richtige Fachmann für den Streit zwischen

Teresia beim Schlangentöten.

Zeus und Hera, weil er bzw. sie doch sexuell auf beiden Ufern gewesen war. Für Teiresias war die Antwort klar: Der weibliche Genuss beim Sex ist neunmal stärker als der männliche. Hera, darüber nicht erfreut, sondern sauer, dass er das Geheimnis ihres Geschlechts enthüllt und das Mysterium der Göttin verraten hatte, ließ ihn blenden. Das wiederum konnte Zeus schlecht zulassen, hatte Teiresias doch die Wahrheit gesagt. Andererseits wollte er aber auch nicht noch mehr Stress mit seiner Gattin und stattete den jetzt blinden Teiresias mit der Fähigkeit aus, in die Zukunft zu schauen.

Seitdem war er der große Wahrsager, den selbst Odysseus noch in der Unterwelt besuchte, um ihn über das Schicksal seiner Irrfahrten zu befragen.

Das Geheimnis der Hera hat sich mittlerweile herumgesprochen, es entspricht ja auch einfach der Erfahrung. So kann man auch jenseits der Biologie über den weiblichen Orgasmus forschen. Der Sex hat eine entscheidende Bedeutung für die Bindung zwischen den Menschen, die so intensiv im Tierreich nicht vorkommt. Und diese Bindung basiert auf Gegenseitigkeit. Also nur, wenn beide etwas davon haben.

Eine seriöse Untersuchung der Uni Toronto besagt, dass einmal die Woche Sex eigentlich am glücklichsten macht. Mit einer höheren Frequenz steigt die Zufriedenheit nicht. Und ich kenne sehr glückliche Paare, die seit Jahren nur einmal die Woche Sex haben. Er montags, sie mittwochs. Gut, es gibt auch andere Modelle. Ein Freund von mir sagte letztens: »Meine Frau und ich sind auch zufrieden. Und wir haben beinahe jeden Tag Sex.« Ich frage: »Beinahe jeden Tag?« Sagt er: »Ja. Beinahe Montag, beinahe Dienstag, beinahe Mittwoch …«

**Ich kenne sehr glückliche Paare, die nur einmal die Woche Sex haben. Er montags, sie mittwochs**

Denn man kann natürlich auch ohne Sex sehr glücklich sein. Auch als Paar. Man macht halt andere schöne Dinge. Tandem fahren. Und man muss sich nicht mehr in diesen Kampf begeben, der gerade für Männer sehr anstrengend ist. Weil oft ihr ganzes Verhalten darauf ausgelegt ist, das Weibchen zur Paarung zu überzeugen. Dauernd müssen die Männchen um das Weibchen kämpfen. Sich verändern. Sich anstrengen. Deshalb sind die Männchen im Tierreich oft bunter gefärbt als die Weibchen oder singen den ganzen Tag penetrant, um auf sich aufmerksam zu machen. Sie kennen das noch: Wenn Sie früher mit der Kirche zur Jugendfreizeit nach Holland gefahren sind. Wer hat am Strand die Frauen abgekriegt? Immer der Doofe mit der Gitarre. Oder mit den coolsten Klamotten. Das machen Tiere auch nicht anders.

Bei vielen Tierarten wählt das Weibchen das Männchen mit der buntesten Farbe. Weil es das auffälligste ist. Untersuchungen haben zum Beispiel gezeigt: Wenn man graue Finkenmännchen bunt anmalt und ihnen einen albernen Federschmuck auf den Kopf setzt, kommen sie bei den Finkenweibchen viel eher zum Sex als andere Männchen.

Eigentlich öde Typen, die sonst keine Chance hätten, werden durch Farben und einen doofen Federschmuck für Weibchen interessant. Das nennt man in der Natur sexuelle Selektion. In Köln nennt man das Dreigestirn.

Und auch für Männer wirken Farben bei Frauen oft anziehend. Zum Beispiel fahren fast alle Männer auf Frauen ab, die etwas Rotes tragen. Je roter, umso besser. Weil rot für viele Männer unbewusst Bereitschaft zum Sex signalisiert. Deswegen ja auch Lippenstift.

Ein Freund von mir hat letztens eine Gruppe von Frauen gesehen, alle mit roten Oberteilen. Der ist spontan auf die zugelaufen und hat gerufen: »Hallo Mädels, wollt ihr gerne Sex mit mir?« Erst dann hat er gemerkt, dass das eine Demo von »ver.di« war.

Andere Faktoren, die für die Balz auch beim Menschen wichtig sind, sind Gerüche. Es ist zum Beispiel erwiesen, dass Frauen sich eher mit Männern paaren, die als Aftershave einen Geruch haben, der sie irgendwie an ihre Kindheit oder an ihre Heimat erinnert. Ja. Frauen aus dem Schwarzwald sind eher bereit zum Sex mit Männern, die leicht nach Tannennadeln riechen, Frauen von der Küste mögen es, wenn Männer etwas nach Salzwasser duften. Ich kenne Männer, die reiben sich vor jedem Wochenende mit Diesel ein. Um Frauen aus Wesseling rumzukriegen. Der öde Ort vor Köln, wo die Raffinerien sind.

Was bei der Bereitschaft zur Sexualität übrigens kaum eine Rolle spielt, ist die Größe des Geschlechtsteils. Das wird von Männern ja immer überschätzt.

Die Größe des Penis spielt für Frauen keine Rolle. Außer beim Sex.

Sie wissen: Nur 10 Prozent der Männer glauben, ihr Penis wäre zu kurz. Der Rest denkt, dass mit dem Lineal was nicht stimmt. Aber das ist für Frauen egal. Für die spielen andere Dinge eine Rolle. Zum Beispiel, ob das Männchen ein potenzieller Beschützer für die Brut und sie ist. So hat man zum Beispiel ein Experiment gemacht, in dem Männer fremde Frauen um ihre Telefonnummer bitten. Und zwar entweder auf einer sicheren Straße oder auf einer wackligen Brücke. Und tatsächlich waren auf der wackligen Brücke mehr Frauen bereit, mit einem Mann näher in Kontakt zu kommen. Das heißt, wenn Sie eine Frau rumkriegen wollen, sprechen Sie sie am besten da an, wo jederzeit der Boden einbrechen kann. Auf einem Vulkan. Oder irgendwo im Stadtgebiet von Köln.

Sehr wichtig für Frauen ist auch die Balz. Also die Überzeugungsarbeit vor dem Sex, die das Männchen leistet. Das kann man gut bei Vögeln beobachten, die oft sehr lange vor dem Weibchen tanzen, um es zu überzeugen. Das kann ewig dauern, bevor die dann auf das Weibchen springen dürfen. Und auch beim Menschen wurde untersucht, dass Frauen es nicht mögen, wenn Männer ihre sexuelle Absicht gleich deutlich machen. Sie wollen erst die Balz sehen. Sie möchten zunächst einmal reden, sich kennenlernen, sich austauschen, verstanden werden, zusammen essen, massiert werden … und dann vielleicht erst Sex. Während Männer tendenziell eher schnell zur Sache kommen wollen und oft bei der Balz das nötige Feingefühl vermissen lassen. Wie in diesem Witz, der sich der Gürtellinie weiter annähert: Es klingelt, ein Mann öffnet die Tür. Davor steht ein gestriegelter und geölter Italiener und sagt: »Ciao, iche bin Umberto. Iche komme, um Ihre Tochter zu vögeln.« Und der Mann sagt entgeistert: »Um was???« – »Um-berto!«

Eine Unverschämtheit. Die aber heute durch das Internet alltägliche Realität ist. Schließlich gibt es inzwischen soziale Netzwerke und Webseiten, durch die das umständliche Partnersuchen und Balzen enorm abgekürzt wird. Zum Beispiel die Flirt-App »Tinder«, mit der man paarungsbereite Menschen in der näheren Umgebung innerhalb von Sekunden finden kann. Diese App ist ein Riesenerfolg und funktioniert perfekt. Wobei ich da natürlich nicht mitmache. Sonst sagen die Leute: »Wie? Sie wollen mit mir Sex? Ich kenn Sie doch aus dem Fernsehen, Herr Beikircher! Hätt ich gerad von Ihnen aber nicht gedacht, dat sie bei so was mitmachen!«

**Tinder läuft über Facebook, der Herr Zuckerberg liegt also immer mit im Bett**

Aber ein bisschen neidisch bin ich schon, denn mir sind mehrere Menschen persönlich bestens bekannt, für die »Tinder« lebenswichtig ist. Wenn ich mit denen abends ein Bier trinken gehe, haben die meist hinterher noch ein Tinder-Date irgendwo in der Stadt. Und so kam Tinder in den Verruf einer sagenhaften Sex-App. Das Ganze muss in etwa so entstanden sein:

Der ADAC entwickelte einst eine Software für die Frage: Wo können wir wen am effizientesten abschleppen? Und die Erfinder von Tinder fragten sich: Muss das Abschleppen unbedingt der ADAC machen? Oder geht das auch seriös? Ja, es geht! Also je nachdem, was man heute so seriös nennt. Einer meiner Freunde erklärte mir die All-you-can-eat-Philosophie dieser amourösen App so: Tinder läuft über Facebook, der Herr Zuckerberg liegt also immer mit im Bett, sollte es dazu kommen. Da ist ja auch gut so, sonst wissen womöglich Google, Facebook oder Apple gar nicht, wo sie gerade sind. Vor allem nachts. Das geht ja nicht, stellen Sie sich mal vor, Ihnen passiert was. Und keiner weiß, wo oder in wem Sie stecken. Sobald Sie also von Herrn Zuckerberg erkennungsdienstlich behandelt und registriert wurden, können Sie auf Tinder von allen Paarungsbereiten in ihrer Nähe Fotos betrachten. Wobei der Suchradius einstellbar ist. Den Katalog verfügbarer Menschen können Sie auf Ihrem Smartphone nach rechts oder links wischen. Wischen ist ganz wichtig, denn Tinder funktioniert mit der sogenannten Wischtechnik. Rechts wischen heißt hot, links wischen heißt fott. Links wisch und weg. Bei den Hotten rechts aber heißt es jetzt wie früher bei Pink Floyd: »Wisch you were here.« Ihr Tinderlein kommet! Nach dem Feuchtdurchwischen zur Rechten müssen Sie die Hotten »liken«, und wenn die andere Seite Sie auch »liked«, haben Sie einen sogenannten Match. Oder gleich mehrere Matches – nicht zu verwechseln mit Matjes. Aber ein Bratkartoffelverhältnis rückt nun in greifbare Nähe, vorausgesetzt, sie haben flirttechnisch ne Kleinigkeit auf der Pfanne. Im Internet reicht da schon ein Spruch wie: »Don't worry, be happy«. Oder: »Ich bin neu hier in der Stadt, kannst du mir den Weg zu dir nach Hause zeigen?« Dazu knackige Fotos. Die Zeitschrift Focus hat das empirisch untersucht. Ein halbwegs attraktiver Redakteur tinderte: »Ich will nicht lange drum rum reden: Ich suche unkomplizierten, schnellen Sex. Hast du Lust?« 20-mal verschickt, 12 Antworten bekommen, davon vier: »Sofort!«

Und sehr viel später am Abend klärt sich dann wohl noch die alles entscheidende Frage, warum so viele Männer nach dem Sex nicht einschlafen können. Weil Sie noch nach Hause müssen. Allerdings kann auch eine solche App natürlich nur das Zusammentreffen anbahnen. Sich in der Realität live sehen, muss man trotzdem noch. Und auch am Ende vom Getindere sitzen Sie einem Menschen gegenüber, den Sie überzeugen müssen. Einem einzigartigen Menschen mit einer einzigartigen Geschichte, mit Sorgen, Wünschen, Träumen, Hoffnungen und womöglich Laktoseintoleranz. Entweder können Sie mit diesem Menschen etwas anfangen – oder nicht. Und da müssen Sie nicht nur gut aussehen, sondern im Gespräch zum Beispiel auch witzig sein. Denn für eine erfolgreiche Balz spielt es für die Frau nach aktuellen Forschungen auch eine entscheidende Rolle, ob der Mann witzig ist. Weil Witze natürlich die Anspannung bei einem Rendezvous lösen können. Das sagte schon Freud, der ja eigentlich alle Probleme des Menschen aus seiner Haltung zum Sex heraus erklärt hat. Er geht von drei Stufen aus, die unser Leben bestimmen. Das »Ich«, das »Es« und das »Über-Ich.« Oder wie der Kölner sagt: Dat »Mich«, dat »Dat« und dat »Övver-Mich«. Beim »Mich« geht's um mich. Beim »Dat« geht es um die Triebe und die Aggression, und das »Övver-Mich« ist das, was die Nachbarn övver mich sagen. Freud geht nun davon aus, dass das Övver-Mich das Dat, also die Lüsternheit, unterdrückt. Die muss aber raus. Und wenn es gerade nicht zum Sex kommt, dann macht sie das zum Beispiel im Humor. Und der zeigt sich nach

**Für eine erfolgreiche Balz spielt es für die Frau eine entscheidende Rolle, ob der Mann witzig ist**

Freud besonders in den sogenannten Freudschen Fehlleistungen. Das heißt, dass man etwas sagt, was man gar nicht sagen will, aber trotzdem meint. Es rutscht einem was raus. Man will sagen: »Ich geh zum Kicken« und sagt: »Ich geh zum Ficken.« Das heißt, man sagt nicht, was man macht, sondern was man machen möchte. Eine andere Variante ist, dass man etwas unbewusst anders versteht, als es gesagt wurde. Wie in dem Witz, wo die zwei Türken im Pornokino sitzen. Sagt der eine: »Ey, hast du Erektion?« Sagt der andere: »Nix Erektion. Ich hab Nokia.« (Voll über der Gürtellinie, ey.)

Humor spielt allerdings erwiesenermaßen nur bei der Anbahnung von Sex eine wichtige Rolle und ist ein Selektionsmerkmal bei der Partnerwahl. Das sagen englische Wissenschaftler. Beim Sex selber finden Frauen Witze nicht gut. Wenn sie im Bett fragt: »Was kribbelt denn da so auf meiner Haut?« Und der Mann kichert und sagt: »Juckpulver.« Dann kann es sein, dass der Scherz die Fortpflanzung verhindert.

# 9. Gutaussehende sind schlecht im Bett

Männer, die gut aussehen, sind nicht gut im Bett, weil Sie meinen, Sie hätten es nicht nötig. Das stellten schon die Protagonistinnen der TV-Serie »Sex and the City« fest. Trotzdem spielt neben dem Verhalten auch beim Menschen das Aussehen eine Rolle. Und auch in der Tierwelt haben die Männchen bessere Paarungschancen, die auffällige Merkmale haben und als besonders schön gelten. Bei uns Menschen spielt Attraktivität eine größere Rolle, als wir denken. Es ist erwiesen, dass schöne Kinder bessere Noten kriegen. Schöne Menschen bekommen vor Gericht geringere Strafen.

Das war schon in der Antike so. Die prachtvolle Skulptur der Venus von Knidos war bei den alten Griechen eine erotische Attraktion und beliebtes Reiseziel.

Sogar die Göttin Aphrodite selbst soll erstaunt gefragt haben, wann sie denn dem Bildhauer dafür Modell gestanden habe. Aber es war dessen Freundin Phryne gewesen, die als Vorlage gedient hatte, eine renommierte Hetäre im Athen des 4. vorchristlichen Jahrhunderts. Sie wird als schön, reich, selbstbewusst beschrieben und so autonom, dass sie wegen Gottlosigkeit angeklagt wurde. Als ihr die Verurteilung drohte, habe sie ihre Kleider fallen lassen und wurde freigesprochen, da die Richter glaubten, Aphrodite persönlich zu sehen.

Aber nicht nur Richter kann man mit Schönheit blenden. Auch Arbeitgeber. Attraktive verdienen im Job mehr Geld. Oder nehmen wir die Körpergröße. Frauen können sich nachweislich eher Sex mit großen Männern vorstellen als mit kleinen. Vielleicht weil viele Angst haben, dass ein kleiner Mann in der Bettritze verschwindet und sie ihn nicht mehr wiederfinden. Große Männer kriegen so nicht nur mehr Frauen ab, sie haben oft auch mehr Geld. Die Hälfte der deutschen Topmanager ist über 1,90. Der normale deutsche Mann ist nur 1,77. Ein Mann über 1,85 verdient im Schnitt etwa 20 Prozent mehr als Männer unter 1,65. Weil man bei denen denkt: Die Kleinen brauchen nicht so viel. Die kriegen im Supermarkt an der Fleischtheke ein Scheibchen Wurst, dann sind die satt für den Monat. Andererseits können auch kleine Männer sehr erfolgreich sein, wie Humphrey Bogart, Gerhard Schröder oder Norbert Blüm beweisen. »Die Rente ist sicher!« Für ihn persönlich stimmt das. Dennoch werden Schönheit und körperliche Attraktivität von zahlreichen Internet-Dating-Portalen als Hauptmerkmal für die Partnersuche gefördert. Da geht es nur um den ersten Blick, die sexuelle Attraktion anhand von Schönheit. Und dies reicht in

Phyrne: Erst freigemacht, dann freigesprochen.

viele Bereiche. Nach einer Umfrage halten schon 95 Prozent der deutschen Frauen eine Schönheitsoperation für eine gute Idee. Und zwar bei ihrem Mann. Für die Schönheit nehmen Menschen einiges auf sich. Cremes, Peelings. Mein Nachbar macht jetzt zum Beispiel täglich Schlammpackungen im Gesicht. Und er sieht auch schon besser aus. Zumindest solange der Schlamm nicht bröckelt. Vor allem Männer achten immer mehr auf ihre Schönheit. Heute cremen sich zum Beispiel 70 Prozent der Männer morgens das Gesicht mit Öl ein. Ja, das gab's doch früher nicht. Früher hat man sich als Mann das Gesicht doch nur geölt, wenn man im Brauhaus mit der Backe besoffen ins Eisbein gekippt ist. Früher hatte der Mann für die Schönheit nur ein Mittel: den Deoroller. Damit morgens einmal durch die Achsel und über die Zunge, dann war man fertig. Die Amerikaner geben inzwischen für die Schönheit schon mehr Geld aus als für Bildung. Und ich finde, das merkt man auch.

**95 Prozent der deutschen Frauen halten eine Schönheitsoperation für eine gute Idee: Und zwar bei ihrem Mann**

Die körperliche Attraktivität nimmt in ihrer Bedeutung für das Anbahnen von Sex immer mehr zu. Da nähern wir Menschen uns den Tieren an. Bei denen es immer ums Aussehen und nie um innere Werte geht. Und wie bei den Tieren wandeln sich auch bei uns die Schönheitsideale. Nehmen Sie zum Beispiel mal Guppys. Das sind diese bunten Aquarienfische. Sie kennen die sicher. Die kauft man für Anfänger-Aquarien, weil die so pflegeleicht sind. Meistens sterben die aber trotzdem nach spätestens sechs Wochen. Weil Aquarien ja eh nur einen Sinn haben: den Kindern den Umgang mit dem Thema Tod beizubringen.

Die Guppymännchen haben diese riesigen, knallbunten Schwänze entwickelt, um damit die Aufmerksamkeit der Weibchen auf sich zu ziehen. Und das klappt auch. Je größer und schöner die Flosse, umso mehr Erfolg haben die Männchen. Allerdings gibt es verschiedene Farben bei den Flossen. Und meistens leben die Männchen einer Flossenfarbe regional zusammen. Das heißt, in einem See gibt es nur Männchen mit blauen Flossen, im anderen nur Männchen mit roten Flossen. Und so weiter. Und jetzt passiert's: Sobald man in eine Guppygemeinschaft mit blauen Flossen ein Männchen setzt, das eine rote Flosse hat, kriegt das alle Weibchen rum. Das Männchen, das etwas bietet, was andere nicht haben, ist Sieger. Und so ändern sich die Schönheitsideale. Übrigens auch bei Menschen. Wenn in einer Clique alle Freunde öde, blasse Bankangestellte sind und nur über vermögenswirksame Leistungen sprechen, und dann kommt ein braungebrannter Surflehrer dazu. Wer kriegt dann die Frauen rum? Wobei das nicht nur für Männer gilt. Auch für Frauen. Das Außergewöhnliche übt immer eine große Faszination aus. Allerdings ist das, was wir attraktiv finden, natürlich auch von Moden abhängig. Nehmen Sie nur die Schönheitsideale. Hier sind zwei Bilder. Und die Frage ist: Welche Person finden Sie attraktiver? A oder B?

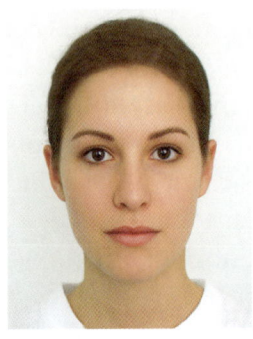 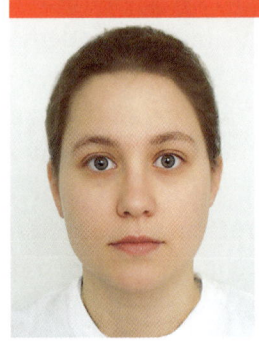

A                    B

Die meisten sagen A. Und jetzt noch Männergesichter: Also, wer ist für den Mann auf Bild A? Wer ist für B?

A                    B

Wahrscheinlich sind Sie vollkommen typisch. 98 Prozent der Deutschen finden die Frau und den

Mann auf dem Bild A attraktiver. Wobei Reiner Calmund angeblich 30 Kilo abgenommen hat. Er hat
sich die Zähne geputzt.

Die Rubens-
frauen

Aber heute sind die Schönheitsideale eher so,
dass die schlanken und schmalen Menschen ange-
sehener sind. Nehmen Sie nur die Models. Viele Models sind heute so dünn, die fallen beim Koksen in

den Strohhalm. Aber das war nicht immer so. Zum Beispiel im Barock waren üppige Formen angesagt.

Und die waren wieder eine Reaktion auf das Schönheitsideal des Mittelalters. Im Mittelalter sollten die Frauen nämlich dünn sein. Außerdem sollten die Haare strahlend blond sein, die Haut schneeweiß und die Augen riesengroß.

Gut, heute weiß man: Das ist kein Schönheitsideal. Das ist Heino.

Und auch bei Männern wechseln die Schönheitsideale. Da aber Schönheit im Auge des Betrachters liegt, ist die Schönheit des Mannes von der Wahrnehmung der Frau abhängig. Und das variiert interessanterweise innerhalb ihres Zyklus. In der Zyklusmitte, also rund um die fruchtbaren Tage, stehen Frauen auf die besonders männlichen Typen. Also gut gebaut, treue große Augen, männliche Behaarung, prägnante Mundpartie. Gut, da sagen viele Männer: »Treue Augen, Behaarung und prägnante Mundpartie? Das kenn ich. Das ist Lassie.« Aber dieses Bild von Attraktivität wird durch Medien und Werbung so stark unterstützt, dass alle versuchen, dem zu entsprechen. Ja, Dicksein wird doch heute fast wie eine Behinderung angesehen. Sie treiben keinen Sport? Dann gelten Sie schnell als faul. Man sieht auf Führungspositionen in der Wirtschaft oder im Fernsehen doch fast nur schlanke, attraktive Menschen. Inzwischen ist sogar in der Politik Attraktivität gefragt. Ja, wie sahen Politiker früher aus? Helmut Kohl. Der war doch nicht sexy. Bei dem hatte der Bauch im Bundestag ein eigenes Überhangmandat. Oder Herbert Wehner, Hans-Jochen Vogel oder Günter Verheugen. Kennen Sie den noch? Immer wenn der in den Nachrichten kam, hat man sich doch gefragt: Sitz ich vor dem Fernseher oder vor dem Aquarium? Der musste nicht sexy aussehen. Den fand man auch so gut. Aber heute müssen sich Politiker sexuell attraktiv zeigen, um zu punkten. Von Obama gibt's attraktive Nacktfotos. Von Putin jede Menge. Bei der Jagd, beim Schwimmen, beim Tauchen. Sobald es bei ihm politisch nicht läuft, zieht der sich aus. Und das wirkt. Was meinen Sie, was ich für eine Angst habe, dass die Merkel das mal mitkriegt.

> **Helmut Kohl. Der war doch nicht sexy. Bei dem hatte der Bauch im Bundestag ein eigenes Überhangmandat**

# 10. Volksbegehren

In manchen Parteien spielt Sex im Wahlkampf eine große Rolle. Das gab es früher nur ganz selten. Wie in den 70ern, da gab es dieses Wahlplakat:

Zuletzt zu sehen im Haus der Geschichte in Bonn. Das war damals ein Skandal. Und Sie ahnen, warum! Die 750er Honda hat überhaupt keinen TÜV mehr. Aber heute spielt Sex auch in der Politik eine große Rolle. Zum Beispiel hat die Abgeordnete Halina Wawzyniak von der Linken mit diesem Plakat geworben:

Da steht: »Mit Arsch in der Hose in den Bundestag«. So was gab's doch früher nicht. Wenn man damals wollte, dass ein Arsch in den Bundestag kommt, musste man FDP wählen. Vor einiger Zeit gab es dieses Plakat der CDU in Ostfriesland:

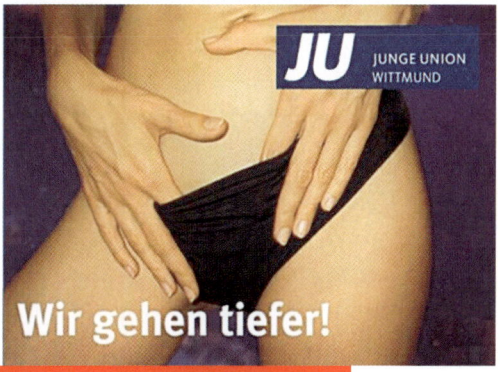

Da sieht man: In Ostfriesland ist nicht nur die Landschaft platt. Einen anderen Weg ging die CDU in Brandenburg mit diesem Plakat:

Also, es kann ja alles Mögliche sexy sein. Aber ich sag mal so: Nicht jedes Land kann wirklich einen Bikini tragen. Und ich hab noch nie gehört, dass ein Mann gesagt hat: »Baby, du siehst super aus. Du hast die Umrisse von Branden-burg.«

Bei so viel Sex lo-be ich mir dann auch Parteien, die das Ge-genteil zeigen. Wie die CDU in Heppenheim, die es geschafft hat, ein Ensemble zusam-menzustellen, bei dem man an alles denkt, aber garantiert nicht an Fortpflanzung.

Dieses Plakat über dem Bett wird übrigens von den Krankenkassen offiziell als Verhütungsmittel anerkannt. Aber Sex und Politik, das spielt sehr zusammen. Weil die Politik ja auch immer bemüht ist, die Sexualität zu regeln. Warum, ahnt man beim Betrachten des Gemäldes, das Kunstexperten als »Sozialkitsch« abtun, Mueumsbesucher in Köln aber 2011 zu ihrem Lieblingsbild wählten:

Walther Firle, Vergib uns unsere Schuld (1898)

Es zeigt eine »verlorene Tochter«, die nach einem erotischen Ausflug verschämt ins Elternhaus zurückkehrt. Die Mutter ist entsetzt, der Vater schaut peinlich berührt zu Boden. Nur der Bruder denkt: »Dann kannst du Schlampe ja aufräumen, guck mal, wie es hier aussieht!« Nirgends liegen Licht und Schatten, Lust und Abgrund so dicht beieinander wie beim Sex. Daher ist Sex trotz aller Intimität und Privatheit so häufig Gegenstand der Gesetzbücher. Lange konnte man in Deutschland wegen Ehebruchs »schuldig geschieden« werden, Homosexualität war bis 1969 strafbar und im selben Jahr wurde erst der »Kuppelparagraf« abgeschafft. Sex in der Öffentlichkeit steht nach wie vor unter Strafe und Schwulen und Lesben haben immer noch Schwierigkeiten bei der Gleichberechtigung der Ehe. Weil vor allem die CSU sagt, dass sie die »normale Form der Familie« unterstützen will. Normale Familie in der CSU. Das kennen Sie: ein Mann, eine Frau, zwei uneheliche Kinder und eine nackte Sekretärin. Ja, die CSU vertritt immer das christliche Familienbild. Und wie sieht's bei denen aus? Seehofer hat ein uneheliches Kind, der Söder hat ein uneheliches Kind, die Frau Aigner ist ledig, die Vorstandsfrau Stamm ist ledig, der Waigel ist geschieden, der Generalsekretär Scheuer ist geschieden und der Strauß war im Puff. Dafür steht ja die Abkürzung. CSU. »Chronisch Sexuell Unterversorgt«. Aber trotzdem sperren die sich zum Beispiel gegen die Homo-Ehe. Das wollen die nicht unterstützen. So hieß es zumindest immer, bevor die Flüchtlinge kamen. Jetzt

**Normale Familie in der CSU. Das kennen Sie: ein Mann, eine Frau, zwei uneheliche Kinder und eine nackte Sekretärin**

heißt es aus der CSU plötzlich: Wir können keine Leute integrieren, die die Gleichberechtigung von Frauen und von Homosexuellen nicht so sehen wie wir. Sagt die CSU! Die selbst ein Frauenbild hat, das der spanischen Inquisition zu konservativ gewesen wäre. Gut, viele sagen, das hat sich mittlerweile geändert. Auch die wollen die Frauen nicht mehr am Herd festketten. Die Kette soll schon so lang sein, dass die Frau sich auch um den Garten kümmern kann.

## 11. Der Dümmste im Land kann der Reichste sein

Der Staat hat immer schon ein Interesse gehabt, die Sexualität zu regulieren. Das sieht man ja auch beim Erben. Da geht es ja gesetzlich darum, was man weitergibt. Quasi das Erbgut. Nur unterscheidet sich das Erben in der Natur sehr von dem, wie es der Gesetzgeber regelt. In der Natur sucht das Weibchen für seine Eizelle den bestmöglichen Samenspender, um eine möglichst starke Genetik zu vererben. Damit sich die Nachkommen später durchsetzen und ihre Gene wieder gut weitergeben können. Das Ziel sind starke Nachkommen, die sich durchkämpfen.

Bei unseren Erben heute ist das anders. Wir ermöglichen auch den größten Deppen unter unseren Nachfahren durchzukommen. Jedes Jahr werden zurzeit in Deutschland 250 Milliarden Euro vererbt. 250 Milliarden Euro! Was man dafür alles bekäme! Das entspräche einer Verdopplung der Bildungsausgaben. Für 250 Milliarden wäre Griechenland fast schuldenfrei. Oder wie die FIFA rechnet: 250 Milliarden ... Dafür gibt's schon den Zuschlag für eine Fußballweltmeisterschaft. In Deutschland besitzen 10 Prozent der Menschen 75 Prozent des Reichtums.

Aber es gibt weniger Erbschaftssteuer als in allen anderen Ländern. Im Schnitt fallen bei allen Erbschaften nur vier Prozent Steuern an. Weil in Deutschland das Erbrecht nicht auf Leistung beruht wie in Amerika oder England, wo Erben sehr viel Steuern bezahlen, sondern auf Blut. Wer blutsverwandt ist, kann mit riesigen Freibeträgen und sehr geringen Steuersätzen ein immenses Vermögen von den Eltern bekommen. Das muss man sich mal vorstellen: Wenn man früher Millionär werden wollte, musste man sein ganzes Leben ackern und sparen, eine preußische Tugend.

Pom Fritz: Friedrich II. kontrolliert den Kartoffelanbau.

Friedrich der Große ordnete 1756 den Kartoffelanbau an, um der Verarmung durch Wucherpreise beim Getreide gegenzusteuern. Heute müsste man nur die Steuern ändern.

Die meisten Millionäre von heute haben in ihrem Leben nur eine Sache geleistet: Sie haben den Geburtskanal überstanden. Aber eine höhere Erbschaftssteuer ist in Deutschland tabu, selbst wenn das Bundesverfassungsgericht das sanft korrigieren will. Da wir denken, das Erbe sei gerechtfertigt, weil eine Generation sozusagen in der nächsten weiterleben darf. Das Blut soll geschützt werden. Das wär im Tierreich undenkbar. Dass der Löwe seinem Sohn sagt: »Sohn, ich sterbe bald. Ich hab für dich schon mal 500 Gazellen gejagt. Die liegen da hinten in der Sonne.« Oder der Hecht sagt seiner Tochter: »Hier, ich hab 300 Kilo Forelle für dich.« Das geht nicht. Und das ist der Unterschied zum Menschen: Beim Löwen werden die Gazellen irgendwann faul. Beim Hecht die Forellen. Und beim Menschen werden die Erben faul. Ja, Untersuchungen zeigen, dass die Erben von großen Vermögen oft keinen richtigen Tritt ins Leben finden und Tätigkeiten nachgehen, für die man keine Ausbildung, keine Intelligenz und keine Fähigkeiten braucht. Und das geht nicht. So viele Immobilienmakler braucht das Land nicht. Aber es gibt immer mehr reiche Erben. Leute, die sich jede Wohnung in Toplage kaufen können, weil ihnen das Geld geschenkt wurde. Und da frag ich mich: Die kriegen Geld, ohne eigene Leistungen erbracht zu haben und zahlen dafür kaum Steuern. Ich finde, wenn man wirklich Leute abschieben will, die auf Kosten der Allgemeinheit leben, dann würde ich nicht mit armen Flüchtlingen anfangen, sondern mit reichen deutschen Erben. Und am Ende ist es ja auch makaber, das eigene Leben nur führen zu können, wenn jemand anderer stirbt. Und so erben die einen von ihrem Vater ein Vermögen. Die andern nur die Geheimratsecken. Das ist ungerecht. Deshalb kann man nur raten: Wenn man Geld hat: Am besten im Leben alles ausgeben! Dann sind bei der Beerdigung ein paar Leute wenigstens richtig traurig!

Vom Dramatiker Bernard Shaw, habe ich die Überschrift für dieses Kapitel geklaut, welche der Volksmund umdichtete: »Die dümmsten Bauern haben die dicksten Kartoffeln.« Oder wie schon die Bibel wusste: »Der Teufel scheißt immer auf den größten Haufen.« Aber Shaw hat noch ein Bonmot hinterlassen: »Ich will, dass jeder anständig leben kann, denn arme Leute gehen einem genauso auf die Nerven wie reiche.«

# 12. Die Erotik des Todes

Wenn man sein Geld spendet oder ausgibt, macht man das, was auch in der Natur das Ziel ist: Man sorgt für Nachkommen, die alleine in der Welt zurechtkommen. Aber natürlich zeigt sich in der Erbschaftsthematik auch der Wunsch, der ebenso hinter der Sexualität steckt: die Intention, nach dem Tode weiterzuleben. Die eigenen Gene in einem neuen Individuum aufgehen zu lassen. Denn das ist ja eins der größten biologischen und philosophischen Probleme des Menschen: Wie schaffe ich es, dass von mir etwas bleibt? Sex ist der Blick in die Unendlichkeit und in den Sinn der Schöpfung. Und das verbindet Sex mit Religion. Beides ist eine Antwort auf die Frage: Wer sind wir? Wo kommen wir her? Wo gehen wir hin? Und was kommt nach dem Tod? Wobei beide keine absolute Sicherheit geben, dass es danach so weitergeht wie gedacht. Denn wenn wir Kinder haben: Wissen wir als Mann, dass es wirklich unsere sind? Wissen wir als Frau, was wir von uns weitergeben, oder ob wir vom Männchen nur die positiven Eigenschaften vererben? Oder kriegen die Nachkommen die blöde Nase von seinem

**Sex ist der Blick in die Unendlichkeit und in den Sinn der Schöpfung. Und das verbindet Sex mit Religion**

Großonkel? Oder die doofe Stimme von der Schwiegermutter? Auch das ist genetisch nach den Mendelschen Gesetzen möglich. Wir wissen nicht, was genau nach uns kommt. So wie wir auch bei der Religion nicht wissen, ob die Zeit nach dem Tod so ist, wie wir sie uns vorstellen. Wie bei der Weitergabe von Genen gibt es auch da viel Zufall. Ich bin zum Beispiel katholisch in Köln geboren. Zufällig. Aber nehmen wir mal an, ich wäre im Orient zur Welt gekommen. Sagen wir in irgendeiner Stadt im Nahen Osten. Gummersbach zum Beispiel. Oder noch weiter. Dann wäre ich vielleicht Moslem. Die meisten Menschen haben doch einfach nur eine bestimmte Religion, weil das die Geschichte ist, die man ihnen als Kind erzählt hat. Und sie haben sich dann keine andere mehr ausgedacht. Aber vielleicht stimmt die ja gar nicht. Sehen Sie mal, die Margot Käßmann ist im evangelischen Marburg geboren. Wäre die in Mekka aufgewachsen, wär sie Muslima. Dann hätte die nie Alkohol getrunken. Die wäre noch im Amt! Welche Religion man hat, ist Zufall, gemischt mit Tradition. So wie die Zusammensetzung der eigenen Gene auch. Und deshalb kann es ja auch gut sein, dass die eigene Religion gar nicht recht hat, sondern eine andere. Und dass sie auch mit ihrer Vorstellung von dem, was nach dem Tod kommt, falschliegt. Dann steht man blöd da. Ja, stellen Sie sich mal vor, Sie sind katholischer Priester, haben das Ihr ganzes Leben geglaubt, kommen nach dem Tod in den Himmel und dort stehen dann plötzlich 72 Jungfrauen für Sie. Da können

Sie gar nix mit anfangen. Da denken Sie doch: Was soll ich mit so vielen Haushälterinnen? Die kann ich doch nicht mit nach Haus nehmen. Was sagt mein Freund dazu? Oder Sie sind Islamist und kommen in den katholischen Himmel. Und sehen da Jesus, Gott und Maria. Dann denken Sie doch als Erstes: Hier stimmt was nicht: Die Männer mit den Bärten sind in Ordnung. Aber warum hat die Frau keine Burka an? Oder wenn Sie als evangelischer Christ sterben und werden dann wiedergeboren. Weil vielleicht die Buddhisten recht haben. Als Rind zum Beispiel. Dann haben Sie es in Indien gut. Da werden Sie von den Hindus angebetet. Im Emsland würden Sie zum Schwenksteak. Vielleicht sind Sie aber auch Hindu und werden wiedergeboren als katholisches Taufbecken. So kann es laufen. Man weiß ja nicht, als was man wiedergeboren wird. Alle denken immer, sie werden ein schöner Schmetterling. Aber vielleicht werden Sie auch was ganz Schlimmes. Die Socken von Reiner Calmund. Oder noch schlimmer: das Mikrofon von den »Höhnern«. Wer weiß? Und diese Ungewissheit steckt auch im Sex. Wir wissen nicht, was wir von unseren Eigenschaften wirklich weitergeben. Was auf uns folgt. Was mit unseren Bestandteilen passiert. Aber jedem Lebewesen sagt der Instinkt, dass Arterhaltung und Sex wichtig sind. Dem Menschen auch. Aber der denkt noch zusätzlich darüber nach, was von ihm bleibt. Und das unterscheidet uns von

**Haben Sie schon mal eine Kuh gesehen, die ihr Testament macht?**

den Tieren. Wir sind biologische Wesen und intellektuelle. Wir machen uns Gedanken über unseren Daseinszweck auf der Welt und unser Erbe. Oder haben Sie schon mal eine Kuh gesehen, die ihr Testament macht? Eine Eintagsfliege, die über ihre Beerdigung nachdenkt? Der Mensch macht das. Der ist total kompliziert. Denn er will nicht nur genetisch weiterleben, sondern auch spirituell, als Seele, in Erinnerungen, und finanziell. Das ist Fortpflanzung auf geistigem Niveau. Und deshalb überlegt er, wer was erbt. Wie bei der Beerdigung über ihn gesprochen werden soll. Wer wie an seinem Sarg redet. Welche Musik gespielt wird. Man will bleiben. Deshalb ist eins der beliebtesten Lieder bei Beerdigungen übrigens: »Niemals geht man so ganz.« Ein Lied, das auch als Drohung empfunden werden kann. Viele denken auch schon zu Lebzeiten über den Grabstein und die Grabstätte nach. Das muss man aber auch. Denn da gibt es ja große Unterschiede. In Köln kosten zum Beispiel Grabstätten mehr als Wohnungen im Emsland. Das heißt, tot in Köln ist teurer als lebendig im Emsland. Gut, tot in Köln ist auch interessanter.

**Eins der beliebtesten Lieder bei Beerdigungen: »Niemals geht man so ganz«. Ein Lied, das auch als Drohung empfunden werden kann**

Beerdigungen werden ja immer komplizierter. Früher wurde man einfach von der Kirche beerdigt und fertig. Aber heute gibt es 1000 individuelle Varianten. Da gibt es christliche Beerdigungen, atheistische, Bio-Beerdigungen. Fußball-Beerdigungen. Ja, bei Schalke 04 zum Beispiel kann man sich in den Vereinsfarben auf einem Schalke-Friedhof beerdigen lassen. Früher betete die Gemeinde am Sarg: »Der Herr schenke dir die Auferstehung«. Heute beten die: »Steh auf, wenn du ein Schalker bist!« Alles, um den Tod zu überwinden. Wie beim Sex, der unsere Gene unsterblich machen soll. Obwohl: Was wäre, würden alle Menschen immer weiterleben? Wir würden

Der Tod begrabbelt das Mädchen.

abends gar keinen Platz mehr in den Kneipen finden. Und nur durch den Tod kann es überhaupt Leben geben. Denn im Tod steckt ja auch wieder eine Art Sex. Weil man für neues Leben sorgt. Zwar nicht mehr genetisch. Aber als Dünger. In jedem Tod lauert wieder Schöpfung. Deshalb wurde in der Kultur der Tod ja auch oft mit Erotik und Sex verbunden. Es gibt in der Kunstgeschichte viele Bilder, die den Tod als erotischen Verführer zeigen.

Und tatsächlich gibt es einen Zusammenhang zwischen Tod und Erotik.

Erotik ist in unserer Kulturgeschichte immer mit einer Grenzüberschreitung verknüpft, mit einer Regelverletzung, sie spielt ins Verbotene, ins Dunkle, weshalb der Liebesakt für uns nie ganz alltäglich sein wird. Die größte Regelverletzung ist und bleibt aber der Tod.

Die Franzosen nennen den Orgasmus »La petite mort«, der kleine Tod. Weil auch da das Gehirn wie im Tod ausgeschaltet ist, vor allem die Hirnbereiche, die die Selbstkontrolle steuern. So entsteht ein Sinneszustand, in dem man keine Wünsche mehr hat.

Die beliebtesten Bücher bei Teenagern sind heute Vampirromane. Wo Frauen sinnlich von Toten in den Hals gebissen werden. Und eine Studie der israelischen Psychologin Gurit Birnbaum zeigt, dass Menschen, die vorher über das Thema Tod nachgedacht haben, eher zu einem One-Night-Stand bereit sind.

**Menschen, die vorher über das Thema Tod nachgedacht haben, sind eher zu einem One-Night-Stand bereit**

Ehrlich. Ich hab einen Bekannten, wenn der früher eine Partnerin für eine Nacht wollte, hat der sich ein Muscle-Shirt und ne rote Hose angezogen, ist angetrunken in die Disco gegangen und hat getanzt. Ohne Erfolg. Jetzt klappt's. Er macht das Gleiche auf Beerdigungen. Der Tod ist das Ende des Lebens, aber er erinnert uns auch daran, dass wir uns dem Leben zuwenden sollen. Das sagt auch eine Grabinschrift in Tirol:

»Hier liegt mein Weib, Gott sei's gedankt. Bis in das Grab hat sie gezankt. Lauf, lieber Leser, schnell von hier. Sonst steht sie auf und zankt mit dir.«

So kann das Erbe eines Menschen auch darin bestehen, andere zu warnen, beim Sex den richtigen Partner zu wählen! Wir sehen: Beim Menschen ist das mit dem Sex komplizierter als beim Tier. Weil der Mensch den Intellekt hat, weil er bewusst in die Zukunft blicken kann, weil er von seinem Tod weiß. Und weil er die Religion hat. Und diesen Kampf zwischen Glauben, Denken und Vögeln werden wir uns noch genauer anschauen, denn Religionen sind ja sehr unterschiedlich. Das fängt schon bei der Kopfbedeckung an. In der Kirche muss man den Hut abziehen, zumindest von Männern erwartet man diese

Demutsgeste. In der Synagoge wäre das ein unverzeihlicher Frevel, da muss man unbedingt eine Kippa oder andere Kopfbedeckung tragen, wenn man das Gotteshaus betritt. Um die Wichtigkeit dieses religiösen Gebotes zu unterstreichen, vor allem die Schwere der Sünde bei Nichtbeachtung, hängte ein strenger Rabbiner ein Schild an die Tür: »Das Betreten der Synagoge ohne Kippa ist wie Fremdgehen!« Da schrieb einer drunter: »Ich hab's ausprobiert – kein Vergleich!«

Bei jiddischen Witzen ist die Gürtellinie nie in Gefahr, da sie von klein auf zum Bildungskanon gehören und somit kindertauglich sein müssen.

## 13. Zucht und Unordnung

Sex, Religion und Kultur haben ähnliche Motive: Man will etwas schaffen, das bleibt. Aber oft arbeiten sie auch gegeneinander. Wenn Kultur, Religion oder auch Politik versuchen, die Natur einzugrenzen.

Liebe im Himmelbett, Rembrandt van Rijn (1646)

Denn Sex hat ja etwas Anarchistisches, Ungeordnetes, wie dieser Stich von Rembrandt zeigt. Wenn wir genau hinschauen, sehen wir: Die Frau zählt sage und schreibe drei Hände! Auch bei intelligenten, versierten Künstlern wie Rembrandt van Rijn setzte der Verstand aus, wenn es um Sex ging. Deshalb belohnen Staat und Kirche auch die Treue. Im Gegensatz zur Natur, denn da wird der Fortpflanzungserfolg der Menschen durch Untreue gesteigert, durch die Anzahl der Weibchen, die sie befruchten können. Ihre Methode ist also, die billigen Spermien möglichst breit zu streuen. Da ist die Untreue schon angelegt. Die Männchen wollen möglichst viele Weibchen und kämpfen darum.

Franz Xaver von Pausinger, Kämpfende Hirsche (1887)

Ausladende Geweihe, Hauer, Stoßzähne und Hörner sind ja gar nicht für den Fressfeind gedacht, sondern einzig dafür da, den Mitbewerber um die Frau auszuschalten. Fliegen vor der Disco die Fäuste in die Zähne, gibt es Kriege und Morde, ist das also meist eine Expedition ins Tierreich. Man spricht von »sexueller Selektion«, der geschlechtlichen Zuchtwahl. Dabei spielt – wie beim Menschen – auch Größe eine Rolle. Bei Arten mit extremer Vielweiberei wie Rothirsch oder Gorilla sind haremshaltende Männchen im Schnitt doppelt so groß wie die Weibchen. Ihre Geschlechtsteile sind dafür sehr klein. Anders bei Arten mit freizügigem Geschlechtsverkehr, wie etwa beim Schimpansen. Man merkt das am Hoden. Paart sich nämlich ein empfängnisbereites Weibchen kurz hintereinander mit mehreren Partnern, hängt die Chance eines Männchens, dass eine seiner Samenzellen den Wettlauf zum Ei gewinnt, von der Beweglichkeit und vor allem von der Menge der Spermien ab. Das ist wie bei der Lotterie. Je mehr eigene Lose ich in der Lostrommel hab, desto wahrscheinlicher ist ein Treffer. Also am besten ein paar Millionen reinpumpen. Schimpansen haben große Hoden, die sind für die Tombola gerüstet. Der haremsbewachende Gorillamann hingegen, der kampfbereit aufpasst, dass kein Widersacher seine Weibchen begattet, hat trotz seiner schieren Größe einen sehr kleinen Hodensack. Der gewinnt die Tombola trotzdem immer, weil keine anderen Lose reinkommen. Erstaunlich ist jetzt: Die Samendrüsen bei uns Menschen-Männern sind nun wieder relativ groß. Was man als Indiz für eine prinzipielle Bereitschaft der Frauen zum Seitensprung werten kann. Jedenfalls in der Annahme der Männer. Auch Frauen halten es biologisch nicht so genau mit der Treue. Denn es gibt Untersuchungen, dass es für viele Frauen die Attraktivität eines Mannes steigert,

**Für viele Frauen steigt die Attraktivität eines Mannes, wenn er schon eine Partnerin hat**

wenn er schon eine Partnerin hat. Weil das zeigt: Den hat schon mal eine gewählt und war zufrieden. Das ist wie im Internet, wo man ein Hotel bucht, das schon positive Bewertungen hat. So sieht die Frau einen vergebenen Mann und sagt sich: »Frauen, die Peter gewählt haben, waren mit ihm zufrieden.« Und nicht: »Günther hat bisher nur eine positive Bewertung. Von seiner Mutter.« Wir Menschen tragen das Vermehrungsverhalten der Tiere in uns. Und wir sind

Jacob Jordaens, Kandaules
zeigt Gyges seine Frau (1646)

ja, nach Ansicht der Biologen, tatsächlich auch Tiere. Zwar die einzigen, die im Zoo Eintritt zahlen, aber dennoch nicht entkoppelt von den biologischen Rahmenbedingungen der Ökologie. Die Kultur versucht das aber zu reglementieren. Durch Regeln, Moral, Gesetze und Ehen. Aber geht das? Viele warnen zum Beispiel vor der Ehe als Totengräber der Leidenschaft. Wissenschaftler haben ermittelt, dass verheiratete Frauen im Durchschnitt mehr wiegen als Singlefrauen.

Warum ist das so? Ich nehme an, alleinstehende Frauen kommen nach Hause, sehen nach, was im Kühlschrank ist, und gehen dann ins Bett. Verheiratete Frauen kommen nach Hause, sehen nach, was im Bett ist, und gehen dann an den Kühlschrank.

Das Verhältnis von Sex und Religion wird bekanntermaßen besonders im Christentum als spannungsreich angesehen. Eine gewisse Lustfeindlichkeit ist dem Christentum eigen. Dies unterscheidet es von der antiken Götterwelt. Da war untenrum einiges los. Auch wenn der Grieche Hippokrates, der erste Kassenarzt, meinte, zu viel Sex würde bei Männern zu Haarausfall führen. Wer sich im Bekanntenkreis umschaut und auf die Frisuren achtet, kann so vielleicht eine Ahnung bekommen, bei wem es noch läuft.

**Der Grieche Hippokrates meinte, zu viel Sex führt bei Männern zu Haarausfall**

Die griechischen und später die römischen Götter waren dem Sex durchaus zugetan. Was man nicht nur an den vielen erotischen Darstellungen erkennt. Wie zum Beispiel jene in Pompeji, für die Altertumsforscher den Begriff Pornografie überhaupt erst erfunden haben. Wie diese Bilder:

»Der römische
Krisenstab«

»Romantische
Szene in der Eifel«

Der griechische Philosoph Jorgi Jatromanolakis aus Kreta meinte: »Von all dem Wunderbaren, welch selbiges die Natur dem Menschen geschenkt hat, ist der Eros das Strahlendste, und etwas Mächtigeres ist nicht und wird nie sein. Aus diesem Grunde taten auch die alten Griechen nichts anderes in ihren Schriften, als die Liebe und die Aphrodite zu lobpreisen und ihre Freuden und vielen Ergötzlichkeiten zu rühmen.« Sein Werk »Erotikon« möchte ich Ihnen ans Herz legen, wenn das weltweit auf der Bestsellerliste wäre, käme Griechenlands Wirtschaft auch wieder in Wallung. Ich finde, wir müssen Griechenland wieder aufbauen. Denn wie viel verdanken wir kulturell und sexuell den Griechen?! Die Demokratie, die Philosophie oder den Flokati. Ja, ohne den Flokati wär die Hälfte von uns doch nie gezeugt worden. Und ohne das griechische Lebensgefühl von Genuss und Erotik. Allein schon in der Musik. Als bei uns Roy Black »Ganz in Weiß« von der sittlichen Hochzeit geknödelt hat, feierten die Griechen Costa Cordalis. Ein Typ, der von seiner Affäre mit »Anita« gesungen hat. Und der super aussah. Schwarze Haare, schwarze Augen. Immer dieser schwarze Pullover. Bis man gemerkt hat: Das ist kein Pullover. Das ist sein Brusthaar. Die Griechen legen halt mehr Wert darauf, Liebhaber zu sein, attraktiv zu sein. Wie auch die Italiener oder Spanier. Und darum fahren wir ja auch in den Süden. Weil es da erotisch ist, weil die Leute da auch nicht so viel rödeln wie wir. Ja, wie sang Costa Cordalis? »Die Bouzouki klang durch die Sommernacht.« Die Bouzouki! Nicht der Presslufthammer. Wenn wir Menschen sehen wollen, die ackern, können wir auch Urlaub vor den Ford-Werken machen. Allein anhand der Lieder können wir etwas über die Erotik der Griechen lernen. Und was für Lieder hören wir? Helene Fischer. »Atemlos durch die Nacht«.

**»Atemlos durch die Nacht«. Das klingt für mich nicht nach Erotik, das klingt nach Asthma!**

## 14. War der Urknall ein Orgasmus?

Es sieht so aus, wenn man der Mythologie folgt. Um die Schöpfungserotik der antiken Griechen in Augenschein zu nehmen, müssen wir gar nicht bis nach Athen. Schon zwischen Mailand und Venedig finden wir in Mantua im Palazzo Te grandiose Fresken von Giulio Romano, die uns die amourösen Mythen der Griechen bebildern.

Der Mensch ist ein Tier, der Mann noch etwas mehr als die Frau.

Der Sturz der Titanen von Cornelis van Haalem (1588)

Die beiden, die wir hier, nicht in Flagranti, sondern – wie gesagt – in Mantua erwischen, sind Zeus – oder römisch eben Jupiter –, der die Gestalt einer Schlange angenommen hat, und Persephone, die er schwängern will, ohne dass der Hades das mitkriegt. Denn Zeus liebte Persephone – jetzt kommt's – obwohl sie sowohl seine Nichte als auch seine Tochter war. Sie wird geschwängert von einem, der zur Hälfte Tier ist. Solche Familienverhältnisse gab es im Olymp. Heute gibt's die nur noch im Westerwald. Persephone gebar daraufhin Zagreus, dem Zeus sein göttliches Erbe zusprach. Zeus kannte aber die Eifersucht seiner Gattin Hera und versteckte seinen neugeborenen Sohn in einer Höhle. Hera kam trotzdem dahinter und ließ den Burschen mit Hilfe von Titanen in sieben Teile zerreißen. Er wurde dann in einem Kessel gekocht, über dem Feuer knusprig gebraten und anschließend mit Salatgarnitur verspeist. Soll gemundet haben. Das Rezept können Sie im Internet nachgucken. Das ließ Göttervater Zeus nicht auf sich sitzen, mit seinen Blitzen erschlug er die Titanen, die daraufhin erwartungsgemäß zu Staub zerfielen.

Und jetzt wird es interessant: Der Staub der Titanen vermischte sich mit den übrig gebliebenen Resten des verspeisten Zagreus und dem warmen Regen und bildete eine eigenartige, schlammige Masse. Wir kennen das heute noch als »Heiße Tasse«. Oder ReFood. Mach dat Beste van de Speisereste. Das Betriebsgeheimnis der holländischen Küche.

Aus Matsche wird Mensch.
Christian Griepenkerl (1877)

Also, was Sie hier sehen im Palazzo Te, ist mitnichten eine Schweinerei in der Lombardei, es ist – nicht mehr und nicht weniger – die Entstehungsgeschichte der Menschheit aus dem unerlaubten lustvollen Sex. Denn »mit Nichten«, das hat Zeus im Liebesleben wörtlich genommen. So entstanden die Menschen. Nicht wie in der Bibel durch Gott, der in der VHS einen Töpferkurs gemacht hatte. Sondern durch ungebremsten Sex. Und animalische Lust.

## Der Himmel ist ein Tierpark.
### Die Abenteuer des Göttervaters Zeus

In der alten Bundesrepublik war es Oswalt Kolle, der den Deutschen die körperlichen Details von Sex und Lust erklärte. 1968 erschien sein bekanntes Buch »Das Wunder der Liebe«, das auch verfilmt wurde. Allerdings erst nach langen Debatten mit der Freiwilligen Selbstkontrolle, bei denen der legendäre Satz fiel: »Herr Kolle, Sie wollen wohl die ganze Welt auf den Kopf stellen. Jetzt sollen sogar die Frauen oben liegen.«

Wie leicht war es dagegen in der Antike, der vor allem die Theologie die erotischen Details bereitstellte. Die Sexualität in allen Spielarten, Fein- und oft auch Grobheiten machte ja einen Großteil der unendlichen Geschichten der Götterwelt aus. Hier war Zeus nicht nur der Chef im Olymp, sondern auch der Sex Maniac unter allen göttlichen Kollegen. Von ihm sind allein 63 Geliebte namentlich bekannt, ganz abgesehen von weiteren Sexgeschichten mit Mann und Frau, mit Kind und Rind, mit Sohn oder Tochter, alles ist dabei, vor allem die trickreiche List.

Der Chefgott war zweimal liiert, bevor er ein Auge auf Hera – manche sagen seine Schwester – warf, die indes nichts von ihm wissen wollte. Und jetzt der Trick: Er verwandelte sich in einen kleinen Vogel, einen Kuckuck, und suchte Schutz in ihrem Schoß. Hera hatte Mitleid und nahm ihn auf, worauf Zeus sich zurückverwandelte und sie mit Gewalt nahm. Hera war jetzt die dritte Gemahlin, und ihre Eifersucht machte bei fast allen Eskapaden des Gatten den Kick aus.

Zunächst blieb es in der Familie. Mit seiner Schwester Demeter zeugte er seine Tochter Persephone, ein außergewöhnlich schönes Mädchen, das von der Mutter auf der Insel Sizilien versteckt wurde. Zeus wusste das natürlich, aber Persophone wollte von den Avancen des Papas nichts wissen. Und wieder Trick und Gewalt. Zeus erscheint als Schlange, die Persephone schwängert, und das Ergebnis ist ein Sohn namens Zagreus.

Zeus' Ausflüge ins Tierreich waren also erfolgreich, und der Name eines seiner Ausflugsziele ist bis heute aktuell: Europa. Die erste Trägerin dieses Namens war eine phönizische Königstochter, wunderschön wie immer in den Geschichten, der sich Zeus beim Baden nähert. Und weil die Männernummer nicht ziehen würde, kommt er als Stier, als schöner, silberweißer, vor allem friedlicher Stier, lässt sich streicheln und bewundern, lässt Europa auch aufsitzen und stürmt davon, mit der Schönen auf dem Rücken. Die folgenden Details sind nicht genau überliefert, es gibt auch keine Bilder, jedenfalls ist Europa am Ende schwanger, bekommt einen Sohn, Minos, der später König von Kreta wird.

Hier geht allerdings gleich die nächste Sexstory los, wenn auch Zeus diesmal nur am Rande beteiligt ist. Denn Zeus schenkt seinem Sohn Minos einen Stier als Opfertier, in den sich aber dessen Gattin, Pasiphae, so rückhaltlos verliebt, dass sie sich von dem brillanten Techniker und Künstler Dädalus eine Kuh bauen lässt, in die sie hinein steigen und der Stier wiederum sie besteigen kann. Das Produkt dieser Leidenschaft ist der Minotaurus, das Zwitterwesen aus

Stier mit Ladeluke. Pasiphae im Palazzo Te, Mantua

Mensch und Tier. Mit dem es dann weitergeht auf Kreta mit Labyrinth und rotem Faden etc., aber das ist eine andere Geschichte.

Zeus war kreativ bei seinen Ausflügen in die Fauna. Als er der schönen Titanin Asteria nachstellte und keine Ruhe gab, sprang die in Gestalt einer Wachtel ins Meer – woraus übrigens die Insel Ortigia, vor der Ostküste Siziliens, entstand –, konnte am Ende aber doch nicht entkommen: Er überwältigte sie wuchtig und groß als Adler. Zeus konnte aber auch ganz klein: Der Klytoris, die auch nicht wollte, wie alle Göttinnen, Nymphen oder Menschenfrauen, wohnte er als Ameise bei – wobei die Details schwer vorstellbar bleiben. Vielleicht gibt es deshalb auch kein Gemälde.

Am berühmtesten ist wohl die Geschichte mit Leda. Keine ist so oft beschrieben, besungen und gemalt worden. In der Legende nähert sich Zeus der Gemahlin des kretischen Königs als Schwan, und das Produkt war Helena, aus einem Ei geboren.

Leda oder das Sprichwort »Mein lieber Schwan«. Peter Paul Rubens (1598)

Zeus steht unter Strom.
Semele hat Kopfschmerzen.
Pietro della Vecchia (1625)

Nun war der Erfindungsreichtum Zeus' nicht auf die Fauna beschränkt, was ja als Chef des Olymp und Göttervater nicht verwunderlich ist. Feuer, Regen, Nebel – jede Gestalt stand ihm zur Verfügung. Die Königstochter Danaë war von ihrem Vater, dem König von Argos, in einen Turm eingesperrt worden, auf dass sie niemals irgendeinem männlichen Wesen begegne, war ihm doch prophezeit worden, er werde vom eigenen Enkel getötet. Für Zeus kein Problem: Der überfiel als Goldregen die Danaë im väterlichen Turm.

Für die schöne Semele dagegen, mit der Zeus ebenfalls eine Techtelmechtel hatte, ging es schlecht aus. Als Hera nämlich mitbekam, wie scharf ihr

Gatte war, säte sie Zweifel aus über die wahren Absichten des Zeus und vor allem über seine wirkliche Gestalt. Beim nächsten Besuch verlangte Semele, er solle sich ihr doch endlich in seiner wahren Gestalt zeigen: Zeus erschien als Blitz, und Semele verbrannte. Sie war ja nicht unsterblich wie die Götter. Da sie aber schon schwanger war, nähte Zeus das Ungeborene in seinen Oberschenkel und gebar höchstselbst später den Dionysos.

Und mit Trick 17 schaffte er es schließlich auch bei Alkmene, der er in Gestalt ihres eigenen Ehemanns beischlief. Als der am nächsten Tag heimkehrte, war seine Frau erstaunt über seine Leidenschaft und dass er sich nicht an die verflossene gemeinsame Nacht erinnerte, vor allem auch nicht daran, dass die Liebe dreimal so lang und heftig gewesen war. Aber der Gatte machte da weiter, wo Zeus aufgehört hatte, und Alkmene bekam Zwillinge: den Herakles vom Papa Zeus, der war jetzt Halbgott, und den Iphikles vom Ehemann als Mensch.

Das sind erstaunliche Geschichten einer sinnlichen Fantasie. Aber es sind nicht nur

Geschichten und Fantasien, sie haben mit der tatsächlichen Geschichte zu tun. Viele der Geliebten des Zeus waren Erdgöttinnen, und die Verbindung des Himmelsgottes Zeus mit ihnen war eine Grundvorstellung der griechischen Religion. Die Griechen waren indoeuropäische Einwanderer mit einer männlich geprägten Gesellschaft, die in ihrer neuen Heimat auf Kulturen stießen, in denen eine Muttergöttin als Hauptgott residierte. In diesen Geschichten werden ihre Erfahrungen und Vorstellungen mythologisch verarbeitet und mittels der Religion die Menschen auch an ihre neue Heimat gebunden. Für die Griechen war es Theologie, für uns ist es Erotik.

Bei solchen Geschichten denkt man, die griechische Welt sei aufgeklärt, den sexuellen Leidenschaften fröhlich zugetan gewesen. Das stimmt sicher für die Mythen und die Götterwelt und sicher auch für die Oberschicht, von der wir zahlreiche erotische Darstellungen und Erzählungen überliefert haben. Aber es gab auch die andere Seite, auf die sich ja bald das junge Christentum mit seiner Leibfeindlichkeit bezog. So stammt von Pythagoras etwa die famose Empfehlung, der Mann solle dann am besten Sex haben, wenn er seine Manneskraft schwächen wolle. Und Plato ging davon aus, die Verschwendung vom Samen beim Sex bedeute einen gefährlichen Verlust an Energie. Hippokrates gilt ja gemeinhin als naturwissenschaftlicher Diagnostiker, mithin als der erste Arzt, aber beim Sex ist ihm einiges durcheinandergeraten. So führt er viele Krankheiten auf die Wolllust zurück: »Was aber diejenigen betrifft, die glatzköpfig sind, sind ebendiese Menschen schleimartig, und der Schleim, während des Koitus geschüttelt und erhitzt, verbrennt die Haarwurzel, solange er auf die Oberhaut fällt, und somit gehen die Haare verloren.«

Aber wie entstanden die Götter selbst? Etwa Zeus, der Göttervater, der Mächtigste auf dem Olymp? Diese Geschichte ist wieder voll mächtiger Begierde und betörendem Beischlaf. Am Anfang war das Chaos, die Leere, das Nichts, der Schlund, das Unbekannte. Dem Schoße dieses wabernden Nichts entsprang Gaia, die Erde. Sie ist fest, hat eine Form. Das können Sie selbst nachmachen. Nehmen Sie ne alte matschige Kartoffelsuppe aus der Dose und tun Sie eine knackige, frische, feste Debracziner-Wurst rein. Das ist gleich ne ganz andere Sache. Dann schmeckt die Konserve plötzlich »wie bei Muttern«. Gaia ist die universelle Mutter Erde. Sie gebärt und ernährt alles. Aber wie? Weiß der Himmel.

Uranos ist der Himmel, der bedeckt die Erde, liegt auf ihr wie ein lasziver Liebhaber und ergießt sich ununterbrochen in Gaias Schoß, es gibt keine andere Beschäftigung als Sex. In der Vorstellung der Griechen beginnt die Welt mit der Fleischeslust zwischen Himmel und Erde. Und die Erde ist so ununterbrochen schwanger. Zunächst bringt sie putzige kleine Riesen auf die Welt. Sechs männliche und sechs weibliche Titanen. Doch damit nicht genug. Es folgen Kyklopen und Hekatoncheiren, die hundertarmigen Riesen mit fünfzig Köpfen. Aber es gibt ein Problem auf der gynäkologischen Station. Die Hundertarmigen und Ein-

**In der Vorstellung der Griechen beginnt die Welt mit der Fleischeslust zwischen Himmel und Erde**

äugigen bleiben im Mutterschoß, da der Himmel vollständig vollfett auf der Erde liegt. Sie stecken fest und kommen nicht raus. Da denkt sich die Mutter Erde einen Trick aus. Sie fertigt eine Sichel aus weißem Metall. Diese drückt sie ihrem Jüngsten in die Hand. Das ist der kleine Kronos, der letztgeborene Titan. Der legt sich dort auf die Lauer, wo Uranos sich in die Mutter ergießt, packt das Geschlecht des Vaters, trennt es ab und schleudert es wie ein Weltmeister im Speerwurf mehrere Seemeilen ins unendliche Meer.

Kronos kastriert seinen Vater Uranos – die Mutter schaut zu.

Und jetzt kommt der Clou: Der himmlische Penis treibt da nicht ewig rum wie ein Knackwürstchen im Ärmelkanal. Nein – als wäre er mit Ahoibrause gefüllt, fängt er sogleich an zu schäumen. Er schäumt und schäumt und schäumt und gebiert Aphrodite, die Schaumgeborene. Oder wie sie dann bei den Römern heißt: die Venus.

Alexandre Cabanel, Die Geburt der Venus (1863)

Die Göttin der Liebe und der sinnlichen Begierde. Vielleicht die meistgemalte Frau der Geschichte. Kronos' Tat hat aber noch eine andere Folge: durch seinen blutigen Sichelschnitt hat er Platz geschaffen, Himmel und Erde getrennt.

Deswegen heißt ein kölsches Gericht heute noch: »Himmel un Ääd met Blootwoosch«. Himmel sind die Äpfel, Erde die Kartoffeln und die Blutwurst erinnert an den entmannten Uranos. Durch diese Trennung von Himmel und Erde entstand der Raum. Kyklonen und Hekatoncheiren konnten raus aus dem mütterlichen Schoß und ihrerseits Nachkommen zeugen. Und so entstanden die Götter, die wiederum in Tausende Geschichten von Liebe, Sex und Eifersucht verstrickt waren. Gegen den griechischen Götterhimmel ist »Youporn« eine züchtige Angelegenheit. Aber jede Bewegung hat auch ihre Gegenbewegung. Platon, selbstredend Namensgeber der »Platonischen Liebe«, meinte: »Sex ist Fleischeslust, und Fleisch ist vergänglich. Die Idee aber lebt ewig«.

**Gegen den griechischen Götterhimmel ist »Youporn« eine züchtige Angelegenheit**

Dann haben die Christen aus der Idee Gott gemacht und den Sex verteufelt. Gerade dadurch aber wurde er zu einer großen Sensation.

Pauwels Franck, genannt Paolo Fiammingo, Liebe im Goldenen Zeitalter (1585)

## Am Anfang war das Ei.
### Vom Material der Schöpfung

Was sich fortpflanzt, muss bereits da sein. Aber was war da am Anfang? Wie wird aus Nichts Etwas? Wie wird überhaupt Etwas? Wie wird aus Unsichtbarem Sichtbares oder aus Dunkelheit Licht? Wie entsteht aus Flüssigem Festes?
Es ist die Angst des Menschen vor dem Umherdriften im universalen Brei und seine Fähigkeit zur Poesie, die ihn Ordnungssysteme erfinden ließen wie die Theologie und das Alphabet, die Mathematik oder das Billy-Regal. Ordnungen, die die Illusion erzeugen, das Chaos sei erklärbar, wenn auch nicht beherrschbar. So auch die Schöpfung. Ursprungsmythen und Schöpfungsgeschichten sind Erklärungsmuster. Menschen wollen wissen, warum etwas ist. Woher? Wieso? Weshalb? Die berühmten W-Fragen.

Nur wie wird Etwas, wo Nichts ist, die gähnende Leere, das Chaos, ein Raum des Taumels und Durcheinanders, ohne Grund und Boden? Modern gesprochen, das Schwarze Loch. Der Schlüssel aller Mythen ist gleich: Das Chaos verbindet sich mit dem Verlangen und daraus entsteht das »Erste«. Wie in einem chinesischen Mythos: Dem Chaos entsteigt der Weltenschöpfer P'an Ku in Form eines Eies. Das Ei zerbricht, aus den Schalen werden Himmel und Erde, der Dotter ist die Sonne und das Eiweiß der Mond. Ganz ähn-

lich erscheint der ägyptische Sonnengott Re aus einem Ei oder Brahma bei den Indern sogar in einem goldenen Ei. Selbst als Zeus in der Gestalt des Schwans die schöne Leda schwängert, ist das Ergebnis ein Ei, aus dem Helena schlüpft. Bis heute umgibt das Ei die Aura von Potenz und

Fruchtbarkeit, der wir im Grunde auch das Osterei zu verdanken haben. Also, am Anfang war das Ei!

Der Ursprung von Welt und Natur ist nie Zeugung, kann auch nicht, wenn da noch nichts ist, was sich paaren kann. So müssen in der Fantasie der Menschen, in ihren Legenden und Mythen alle Materialien herhalten, um Kosmos und Erde, Natur und Tiere und natürlich den Ursprung der Menschen selbst zu erklären. In Ägypten gibt es den Mythos vom Gott Atum, der sich durch seinen eigenen Willen erschuf, als er aus der Finsternis auftauchte. Sofort spuckte er aus, und aus seiner Rotze wurde ein Sohn, der Luftgott Schu, und er erbrach sich, das war die Tochter, die Feuchtigkeit. Und dann wurden aus seinen Tränen die ersten Menschen.
Bei den Germanen ist es der Riese Ymir, der schnarchend in der Sonne liegt, während aus seinem Achselschweiß der erste Mann und die erste Frau herausmendeln, die nordischen Adam und Eva. Bis hierhin schon: Rotze, Kotze, Schweiß. Aber die Fantasie geht weiter: Bei den Japanern produzieren die Geister ihre Nachkommen aus Erbrochenem, beziehungsweise aus Kot und Urin und nennen sie treffenderweise »Prinz und Prinzessin des klebrigen Tons«. Und die Völker Ozeaniens erzählen sich die Geschichte von einem Vogel – natürlich aus einem Ei entstanden! –, ein Reiher, der sich überfressen hat, mit dem Ergebnis einer schrecklichen Diarrhö, und aus diesem gigantischen Fladen entstand die Welt.

Wie man sieht, es gibt keine, aber auch wirklich keine Körperflüssigkeit, ob Tränen, Speichel, Schweiß, Kot oder Urin, Rotze oder Kotze, die nicht zur Schöpfung beigetragen hat, von Blut und Sperma ganz zu schweigen. Wie beim persischen Gott Zurvan, der ins Meer onanierte und dabei eine vorbeischwimmende Schönheit schwängerte, die einen Sohn gebar. Eine göttliche Symbiose aus Badewichse und Badenixe.

# 15. Beichtet ohne Ende!

Mit kaum einem Thema hat sich die Kirche in ihrer Geschichte mehr beschäftigt, als mit der Frage, was sexuell erlaubt ist und was nicht. Bis in unsere heutige Zeit. Wir alle kennen die Diskussionen: Darf man die Pille nehmen? Darf man Kondome benutzen? Darf man schwul sein und das ausleben? Darf man nach einer Scheidung noch mal heiraten? Dies sind seit Jahrhunderten Kernthemen der katholischen Kirche, die sie manisch bearbeitet. Erst vor Kurzem gab es in Rom wieder eine Bischofssynode zum Thema Partnerschaft und Sexualität. Da ging es um die Frage: Soll die katholische Kirche auch Menschen offenstehen, die homosexuell sind, in wilder Ehe leben oder uneheliche Kinder haben. Und zum ersten Mal war die Antwort: Ja. Denn ohne Priester geht es nicht. Wobei schon die ganze Grundkonstruktion so einer Synode seltsam anmutet: Männer sitzen vier Tage eng zusammen an einem schönen Ort und reden nur über Sex. Im Vatikan heißt das Bischofssynode. Früher nannte man das Kegeltour. Allerdings kam bei dieser Bischofssynode nicht viel rum. Man hatte erhofft, dass sich die kirchliche Sexualmoral mehr an die Realität anpassen würde. Denn eine Umfrage des Vatikans von 2014 hatte ergeben, dass die kirchlichen

Vorstellungen von Sexualität nicht mal von den eigenen Gläubigen geteilt, sondern meistens vehement abgelehnt werden. Die machten seit jeher hinter verschlossenen Türen sowieso, was sie wollten.

Jean-Honoré Fragonards berühmtes Werk »Der Riegel« weist auf die Religion hin: Der Apfel, Evas Symbol der Versuchung, liegt unbeachtet auf einem Ikea-Beistelltisch.

Die meisten Mitglieder der Kirche wünschen sich nach dieser Umfrage, dass die Menschen auf der ganzen Erdkugel frei über ihre Sexualität entscheiden sollen. Was aber viele kirchliche Entscheidungsträger immer noch nicht akzeptieren wollen … Also, dass die Erde eine Kugel ist. Und so nimmt sich die katholische Kirche auch heute noch das Recht heraus, zu bestimmen, ob Homosexuelle kirchlich heiraten, Geschiedene die Kommunion empfangen, oder Schwangere in einer katholischen Klinik die »Pille danach« bekommen dürfen. Dies war ja einer Frau in Köln verweigert worden, was zu einem Skandal führte. Der Fall wurde auch in der Kirche umfänglich diskutiert. Und die Kirche ist zumindest in dieser Frage ein wenig humaner geworden. Ich glaube, inzwischen dürfen die Frauen auch in kirchlichen Krankenhäusern die »Pille danach« bekommen. Sie dürfen sie nur nicht runterschlucken. Ebenso leistet sich die Kirche ein Arbeitsrecht, das die Sexualität der Mitarbeiter reglementiert. So konnte zum Beispiel die katholische Kirche eine Kindergartenleiterin in Königswinter entlassen, weil die nach ihrer Scheidung einen neuen Partner geheiratet hatte, was die Kirche als schweren Lebensfehler ansieht. Für den man mit Entlassung bestraft wird. Wobei ich finde: Ein Leben in Königswinter ist schon Strafe genug. Außerdem begründet die Kirche ihren Eingriff in das Arbeitsrecht aus Gründen der Sexualmoral mit der Tatsache, dass sie schließlich der Arbeitgeber sei und eigene Regeln für ihre Mitarbeiter aufstellen dürfe. Wobei sie allerdings in den meisten kirchlichen Einrichtungen im Schnitt nur

**Maria war zwar Jungfrau. Aber nach der Geburt Jesu hat sie ganz normal noch weitere Kinder bekommen**

vier Prozent des Etats bezahlt. Jede kirchliche Schule, jedes katholische Krankenhaus, jeden evangelischen Kindergarten finanziert zwar der Staat zu über 90 Prozent, und zwar mit den Steuern, die Christen, aber auch Muslime, Buddhisten und Atheisten zahlen. Auf diese Art bekommt die Kirche jährlich vom Staat über 20 Milliarden Euro. Das ist mehr als der Etat des Bundesverkehrsministeriums. Aber dafür beschäftigt sich die Kirche auch mehr mit dem Thema »Verkehr«. Und dessen Begrenzung. Dabei war das nicht immer so. Maria war zwar Jungfrau. Aber nach der Geburt Jesu hat sie ganz normal noch weitere Kinder bekommen. Das heißt, Jesus hatte Geschwister, die auch in der Bibel erwähnt werden.

Wer sind die Dame und die Herren auf dem Weizenkorn-Wanderweg?

Wie viele Geschwister das genau waren, ist nicht bekannt. Aber es kann gut sein, dass es neben Jesus auch noch Vanessa, Uschi und Kevin von Nazareth gab, über die wir nichts mehr wissen. Jesus selbst war dann an Sex nicht so sehr interessiert. Im Gegenteil. Er erwartete von seinen Jüngern, dass sie Familie, Haus und Acker verlassen, um ihm zu folgen. Ein Mann, der seine Kumpels dazu anstiftet, von den Familien wegzugehen, um zusammen mit anderen Männern durch die Lande zu ziehen. Das klingt erst mal nicht nach Religion, sondern nach Vatertag.

Und in diesem Gefolge zieht sich die Ablehnung der Sexualität durch die Kirchengeschichte. Schon der Apostel Paulus sagte, dass die Geschlechtlichkeit überwunden werden müsse: »Wir werden eines Tages nicht mehr männlich oder weiblich sein, sondern beides in einem.« Hätte er nicht gedacht, dass das auch mal gelingt. Mit Conchita Wurst. Gut, Paulus meinte auch, die Eheleute sollten sich einander nicht entziehen. Aber zugleich sagte er, dass das Beten jeder Form von Annäherung überlegen sei. Beten stehe über der Sexualität. Weshalb die Kirche für beides ja auch traditionell unterschiedliche Räume vorsieht. Für das Beten die Kirche. Für die Sexualität die Sakristei. Doch die fromme Warnung vor Verführung, in Evas Apfel symbolisiert, ist viel älter.

# Liebesfrucht und Feigenblatt.
## Der Apfel im Paradies

Drei Frauen – nackt! Und ein Mann – bekleidet! Dieser Film läuft in der abendländischen Kunstgeschichte unter dem Titel »Das Urteil des Paris«. Dass es dabei nie zum Gruppensex kam, lag an der »Göttin der Zwietracht«. Die war bei einer olympischen Hochzeit ausdrücklich nicht erwünscht und warf als hinterhältiges Geschenk einen goldenen Apfel unter die Festgäste mit der Aufschrift »Der Schönsten«. Prompt gab es Streit darüber, wem der Titel gebühre, und man holte sich als Schiedsrichter einen jungen Mann, einen Menschen, in den Olymp. Da saß nun der Beau namens Paris und staunte über die drei: Hera, Athene und Aphrodite, drei Schüsse der antiken Götterwelt und wie gesagt, alle nackt. Wem steht der Apfel zu? Wer ist die Schönste? Wie soll er entscheiden? Welcher der drei die Frucht reichen?

Paris entschied sich für Aphrodite, hatte die ihm doch als Gegenleistung Helena, die schönste Frau der Antike, versprochen. Der Deal endete bekanntlich in einer Katastrophe. Helena hatte schon einen Gatten, der war nicht damit einverstanden, dass sie mit Paris davonzog, und die Folge war Krieg: Gatte gegen Liebhaber, Athen gegen Troja, das hölzerne Pferd, der Untergang der Stadt, die Flucht der Überlebenden nach Italien usw. Man kennt das alles aus Homers »Illias« und der »Odyssee«.

Große Wirkung, kleine Ursache. Auf den Apfel kam es an. Der war das Erkennungszeichen, Symbol von Liebe, Sex und Fruchtbarkeit. Nicht nur bei den Griechen. In Babylon gehörte der Apfel zu Ischtar, Göttin des Krieges und des Begehrens. Bei den Germanen war das Iduna. Und beginnt nicht überhaupt die Menschheitsgeschichte mit einem Apfel – im Paradies? Auch wenn in der Schöpfungsgeschichte nicht explizit vom Apfel die Rede ist, sondern von der »verbotenen Frucht«, markiert der Biss in die Frucht die Scheidelinie zwischen paradiesischer Unschuld und sexuellem Begehren. Denn mit dem Rausschmiss aus dem Paradies erkennen Adam und Eva, wie es im Alten Testament heißt, »daß sie nackt sind.« Man

Der Apfel ist rot, glänzt und hat einen kleinen grünen Stiel. Werbung eines Erotikversandhauses für einen Vibrator.

könnte auch sagen: Jetzt werden sie sich ihrer Sexualität bewusst und mit dem ungezwungenen, dem paradiesischen Sex ist es vorbei. Das Verhüllen der Scham, das Feigenblatt, markiert den Unterschied, und ist zugleich der Übergang von der tierischen zur menschlichen Natur. Objekt wie Symbol dieses Wechsels ist der Apfel.

Man kann die gesamte Kunstgeschichte auf der Suche nach dem Apfel durchforsten und wird massenhaft fündig, von den nackten Schönheiten der Antike bis zur Frucht in der Hand des Jesusknaben auf dem Schoß Marias, vielleicht in diesem Fall auch ein Fall für den Psychoanalytiker. Und selbst wenn die Theologen bei dem runden Objekt gern davon sprechen, es symbolisiere die Weltkugel und die göttliche Herrschaft über den ganzen Erdkreis, so ist doch die Gestalt-Analogie zum Apfel nicht zu übersehen.

Für die Theologen hat die Geschichte mit dem Apfel noch eine ganz andere Bedeutung. Sie bürden der Frau die Schuld am Verlust des Paradieses auf, ihrer Neugier und – man kann es getrost ergänzen – ihrer Lust. Besonders perfide ist dabei Ambrosius, Kirchenlehrer und Bischof von Mailand, der Eva die doppelte Schuld gab: Erst habe sie verbotenerweise von der Frucht gegessen, und dann – obwohl sie Bescheid wusste – den Apfel auch noch an Adam weitergereicht.

Nun werden dem Apfel wohl auch zu Recht verführerische Eigenschaften zugesprochen. Jedenfalls sind italienische Wissenschaftler der Ansicht, dass ein bis zwei Äpfel pro Tag bei Frauen die Lust auf Sex erhöhen, wegen der Antioxidantien und Polyphenole, die für eine gute Durchblutung der Geschlechtsorgane sorgen. Zudem enthält der Apfel einen Wirkstoff, der dem weiblichen Sexualhormon Estradiol ähnelt. Jedenfalls behaupten US-Psychologen, dass Frauen mit entsprechenden Werten als attraktiver empfunden werden und mehr Affären haben.

Niklaus Manuel Deutsch, Das Urteil des Paris (1517/18)

ATHENE – HERA – APHRODITE
von Arnfrid Astel

Militant und nackt. –
Betucht, das Hausmütterchen. –
Nackt und verlockend.

Wäre ich Paris,
hätte ich einen Apfel,
auch ich wüßte, wem …

# 16. Alles Schweinkram

Das theologische Fundament der Verteufelung von Sexualität wurde schließlich von Augustinus gelegt.

Augustinus hatte ein großes Problem: seine Mama. Die war das, was man heute eine Helikopter-Mutter nennen würde. Denn sie war stramm christlich und wollte ihren Sohn zu einem christlichen Überflieger machen. Der hatte aber trotzdem ein uneheliches Verhältnis zu einer Frau und mit ihr sogar ein Kind.

**Wie bei fast jeder Moral galt auch bei Augustinus: Wenn sie doppelt ist, hält sie besser**

Er hat Frau und Kind dann auf Druck der Mama verlassen. Und statt über seine eigenen moralischen Verfehlungen nachzudenken, machte er das, was religiöse Menschen gern tun: anderen eine beson-

Augustinus zu seinem Sohn: »Ich geh mal eben Zigaretten holen«, und kam nie wieder.

ders strenge Moral auferlegen. Und so wurde er zum Schöpfer der christlichen Sexualmoral. Und wie bei fast jeder Moral galt auch bei Augustinus: Wenn sie doppelt ist, hält sie besser. Er war sich sicher, dass die Wollust den Menschen von Gott ablenke. Und daher war sie Sünde. Nun stellte sich ihm die Frage, woher diese Sünde kommt. Denn Gott musste den Menschen ja ohne Sünde geschaffen haben. Augustinus dachte jahrelang darüber nach, wie das vonstattengegangen sein mag, und kam schließlich auf die Idee der Erbsünde. Die hätte Eva sozusagen »erfunden«, indem sie Adam gegen Gottes Gebot den Apfel vom Baum der Erkenntnis gegeben hatte, weshalb sie achtkantig aus dem Paradies geflogen waren.

Und weil alle Götter nichts so sehr fürchten wie Menschen mit Erkenntnis, waren von dem Moment an alle von Geburt an sündig und mussten sofort mit dem Kappen der Nabelschnur getauft werden, was vorher nicht nötig gewesen war.

Seit der Apfelübergabe kannten die Menschen die Sünde, die Scham, und sie zogen sich Feigenblätter als Unterhose an. Das

Meister Bertram, Vertreibung aus dem Paradies (1375–1383)

gab es vorher nicht. Im Paradies waren alle nackt. Da sah es aus wie im FKK-Urlaub auf Rügen zu DDR-Zeiten. Obwohl ich jetzt nicht die DDR mit dem Paradies vergleichen will. Auch wenn's da Gemeinsamkeiten gab: Das Problem waren die Schlangen.

**Im Paradies waren alle nackt. Da sah es aus wie im FKK-Urlaub auf Rügen zu DDR-Zeiten**

Nun steckte Augustinus aber in der Bredouille, dass bei aller Ablehnung der Sexualität ja noch Kinder entstehen müssen. Und daher bestimmte er, Sexualität sei erlaubt, aber nur zur Fortpflanzung. Ein Gedanke, der in der katholischen Kirche bis heute lebendig ist. Und vor allem empfahl er, den unvermeidlichen Sex zur Fortpflanzung zu vollziehen, ohne dabei Lust zu empfinden. Sex ohne Lust. Geht das? Erektion ohne Emotion? Nach Augustinus war das möglich. Man bräuchte nur die nötige Willenskraft. Deshalb brachte er alle möglichen menschlichen Anomalien ins Spiel, bei denen Körperteile ohne innere Anteilnahme nur mit dem Willen bewegt werden können: Mit den Ohren wackeln, die Kopfhaut zusammenziehen, Stimmen nachmachen und wörtlich: »Auch solche Menschen gibt es, die nach unten hin ohne üblen Geruch, wie es ihnen beliebt, so zahlreiche Töne hervorbringen können, dass man meint, sie könnten auch mit diesem Körperteil singen.«

Musik liegt
in der Luft

Sex ohne Lust ist für ihn also so einfach, wie musikalisch zu furzen. Dass Sex ohne Lust schwer funktioniert, wissen wir heute. Dass man musikalisch furzen kann, beweisen viele Kölner Karnevalbands seit 30 Jahren.

Mit Augustinus war die Lustfeindlichkeit in der Kirche etabliert. Wobei man natürlich sagen muss, dass nicht nur die katholische Kirche eine Hauptaufgabe ihrer Existenz darin sieht, die Lust einzudämmen und ihren Schäfchen zu erklären, wann sie wie auf welches andere Schäfchen springen dürfen. Fast alle Religionen beschäftigen sich intensiv mit der Regulierung von Sexualität. Und vielleicht sind sie zu diesem Zweck sogar von den Menschen erfunden worden. Um die Triebe im Zaum zu halten. Wobei es meistens um die Triebe der Frauen geht, die begrenzt werden sollen. In Hinduismus dürfen Paare nur heiraten, wenn sie aus der gleichen Kaste kommen. Frauen werden dort oft zwangsverheiratet. Wenn sie sich wehren, droht ihnen Verstoßung oder der Tod. Im Buddhismus gilt Fremdgehen als Verunreinigung des Geistes, weswegen man in einer schlechteren Form wiedergeboren wird. Und der Islam geht davon aus, dass alle muslimischen Männer so lüstern sind, dass man die Frauen verhüllen muss. Außerdem soll die Frau als Jung-

**Fast alle Religionen beschäftigen sich intensiv mit der Regulierung von Sexualität. Und vielleicht sind sie nur zu diesem Zweck erfunden worden**

frau in die Ehe gehen und den Mann über sich bestimmen lassen. Frauen dürfen nur mit einem Mann im Leben Sex haben. Mit dem, den sie geheiratet haben. Das fängt schon in der Türkei an, wo Erdoğan öffentlich kundtat, die Frau müsse dem Mann gehorchen. Und Erdoğans Stellvertreter sagte sogar, Frauen dürften in der Öffentlichkeit nicht lachen, weil das aufreizend wirken könnte. Wobei ich

Kariesprophylaxe inklusive. Wenn man Eigentümer der Frau ist, achtet man auf den Werterhalt.
Jean-Léon Gérôme, Sklavenmarkt (1866)

denke: Wenn man verhindern will, dass Frauen lachen, sollte man als Staatspräsident auch keine Witzfigur aufstellen. Das erinnert alles noch an die lange praktizierte Versklavung der Frau.

Wem die Reglementierung von weiblicher Sexualität in fast allen Religionen dient, liegt auf der Hand: den Männern, die sich ja biologisch nie sicher sein können, ob die Kinder, die eine Frau austrägt, von ihnen sind oder nicht. Und im Laufe der Jahrmillionen haben die männlichen Exemplare der verschiedenen Spezies umfangreiche Methoden entwickelt, die Weibchen dazu zu bringen, nur ihren Samen aufzunehmen. »Bei den Bienen etwa bricht der Penis bei der Befruchtung ab und bleibt in der Bienenkönigin stecken.« So verhindert die Drohne eine Befruchtung der Königin, bis sie den Stiel wieder entfernt hat. Oder der Maulwurf: Der lebt ja eigentlich immer im Darkroom. Und der verschließt nach dem Sex die Geschlechtsöffnung des Weibchens mit einer Art Harz, damit kein anderer mehr zum Zuge kommt. Oder beim Grasfrosch, da stehlen Männchen, die kein Weibchen finden, noch nicht befruchtete Eier und besamen die still für sich an einer abgelegenen Stelle des Teiches. Beim Menschen-Männchen sind solche biologischen Tricks nicht möglich. Er muss sich etwas anderes einfallen lassen, um einziger Geschlechtsgenosse des Weibchens zu sein. Und da helfen dem Mann seit Jahrtausenden die Götter, die er erfunden hat. Die angeblich die Frau bestrafen, wenn sie sexuell zu lüstern ist. Religion hat somit die gleiche Funktion wie der abgebrochene Penis der Biene.

Natürlich gibt es in jeder Religion auch Pflichten für die Männer. Und oft auch das Verbot der Bigamie. Denn die Religionen wissen: Bigamie ist, wenn man einen Ehepartner zu viel hat. Wobei viele sagen: Das ist bei Monogamie auch so.

Und oft wird auch die männliche Sexualität eingeschränkt. Vor allem wenn sie sich an anderen Männern abarbeitet.

# 17. No-Homo-Himmel?

Fast alle Religionen verbieten oder verteufeln die Homosexualität als unsittlich, unmoralisch, gegen den Willen des jeweiligen Gottes und unnatürlich.

Gustave Courbet, Der Schlaf (1866)

Dabei stimmt das gar nicht. Denn Homosexualität gehört nicht nur zur Natur des Menschen, sondern zur Natur überhaupt. Man geht davon aus, dass die Homosexualität vor etwa 50 Millionen Jahren evolutionär entwickelt wurde. Und heute beobachtet man sie bei über 1500 Arten. Etwa bei Pinguinen in der Antarktis, bei Bonobos im Kongo oder bei der Bevölkerungsmehrheit in Köln. Bei Bonoboweibchen beobachtet man häufig das gegenseitige Aneinanderreiben der Genitalregionen. Auch die Männchen praktizieren manchmal sogenannte Pseudokopulationen und führen – an gegenüberstehenden Bäumen hängend – »Fechtkämpfe« mit ihren erigierten Geschlechtsteilen.

Sie schaukeln und schlagen dabei ihre Pimmel aneinander. Was zeigt: Niemand verdankt seine sexuelle Orientierung der Erziehung. Früher hat man das gedacht, aber das stimmt nicht. Vor allem Hormone und Gene entscheiden. Es gibt allerdings nicht das eine »Homosexuellen-Gen«. Forscher vermuten, dass ein komplexes Zusammenspiel mehrerer Gene ausschlaggebend ist. Eine Studie mit 5000 Personen ergab etwas Erstaunliches: Heterosexuelle Männer, die sehr viele als »weiblich« geltende Eigenschaften besitzen, die also besonders einfühlsam sind, zärtlich und freundlich, haben mehr sexuelle Kontakte zu Frauen als »männlich« wirkende Machos. Erstaunlich? Der Kölner Volksmund wusste das schon immer: »Wer poppe will, muss fründlich sin.« Und viele Frauen sagen ja auch, dass sie sich mit Schwulen ausgezeichnet verstehen. Das gleiche Muster gilt für Frauen mit überdurchschnittlich maskulinen Zügen wie sportivem Kampfgeist oder Offenheit für unverbindliche Bettgeschichten. Die haben mehr Kontakte mit Männern als besonders weibliche, mütterliche Typen. Vermutlich gibt es also Genversionen, die Männer und Frauen füreinander attraktiver machen, indem sie sich quasi psychologisch annähern. Kommen jedoch besonders viele dieser erblich bedingten Wesenszüge zusammen, beginnen die Betroffenen, auch zu begehren wie das andere Geschlecht.

Ein Geheimtipp unter schwulen Kunstfreunden:
Henry Scott Tuke's, Ruby, gold and malachite (1902)

Homosexuelle bekommen zwar im Durchschnitt weniger Kinder als Heterosexuelle, aber ihre Liebe zum eigenen Geschlecht entstand durch besonders viele fruchtbarkeitsfördernde Gene. Interessant dabei: Je mehr ältere Brüder ein Junge hat, desto größer die Wahrscheinlichkeit, dass er schwul wird. Die Chance, lesbisch oder schwul zu werden, erhöht sich noch mal, wenn die Verwandtschaft mütterlicherseits besonders viele Kinder hervorgebracht hat. Das könnte der Grund sein, warum die Natur der Homosexualität seit Millionen Jahren einen festen Platz einräumt, obwohl sie vordergründig eine Grundprämisse der Evolution in Frage stellt, nämlich dass sich nur jene Verhaltensweisen durchsetzen, die ihren Trägern helfen, sich besser zu vermehren.

Eine Prämisse, die in ihrer sehr einfachen Argumentation nicht nur von den Religionen, sondern auch von unseren politischen Parteien gestützt wird. Denn mit dem Argument, dass sich Homosexuelle in der Regel nicht vermehren, wird die Ehe für Schwule und Lesben besonders von der Union immer noch abgelehnt. Horst Seehofer sagte wörtlich, er warne vor »Schnellschüssen in Bezug auf die Ehe von Schwulen«. Und in vielen bayerischen Dörfern wird so mancher Ochsensepp gerufen haben: »Stimmt! Wenn man zu schnell schießt, trifft man die Schwulen ja gar nicht.« Andere Länder sind da schon weiter. Neulich hat sich sogar die Queen für die Homo-Ehe ausgesprochen. Ehrlich. Weil sie wahrscheinlich immer noch hofft, dass Prince Charles Camilla verlässt und jemand anders heiratet … Notfalls auch Elton John.

Aber aus unserer Regierung hört man bloß, der Staat wolle familienpolitisch nur fördern, was zur Entstehung von Kindern führt.

Doch warum profitieren dann auch kinderlose Hetero-Ehepaare von Steuerprivilegien durch das Ehegattensplitting? Wenn man nur das Entstehen von Kindern fördern will, warum dann nicht direkt? Für jeden Sex ohne Verhütung gibt es 500 Euro bar auf die Kralle. Wenn er im Beisein eines Notars stattfindet. Auf jedes Kondom gibt es 10 Euro Steuern. Was meinen Sie, wie viele Kinder da entstehen? Aber Merkel bekräftigte, mit ihr werde es die Homo-Ehe nicht geben. Denn sie wolle die Familien mit Kindern schützen. Kinder schützen! Seit Merkel regiert, gibt es immer noch zu wenig Kitas, die Schulen sind marode und die Klassen komplett überfüllt, und immer noch ist ein Kind das Armutsrisiko Nummer eins in Deutschland. Und sie will die Familien mit Kindern schützen! Ich denke, eine seltsamere Vorstellung von Schutz hat nicht mal die Camorra.

**Für jeden Sex ohne Verhütung gibt es 500 Euro bar auf die Kralle**

## 18. We are Family?

Deutschland ist nicht familienfreundlich. Deshalb gibt es den Familienatlas. Da steht drin, wo Kinder in diesem Land am besten aufwachsen. Und das Ergebnis: Ostdeutschland liegt vor Westdeutschland! Klar, für Kinder ist es halt besser, wenn beide Eltern nicht arbeiten. Außerdem ist es auf dem Land schöner als in der Stadt. Die meisten Kinder bekommen die Deutschen nämlich in … na, wissen Sie's …? In Cloppenburg. Gut, wer das Nachtleben dort kennt, weiß: Da hat man abends nicht viele Alternativen zum Vögeln. Außer mit den Schweinen Gassi gehen.

Félicien Rops,
Pornokrates (1878)

Und ob es für Kinder und Jugendliche auf dem Land wirklich gut ist? Bei Dorfpartys geht es in Sachen Flatrate-Saufen inzwischen so dermaßen rund, dass der Maltester Hilfsdienst schon Rettungskräfte bereitstellt. Weil sich viele Jugendliche denken: Fahr ich mit dem Taxi nach Haus? Oder trink ich noch 12 Kleine Feigling und fahr umsonst mit dem Krankenwagen? Darüber sagt der Familienatlas natürlich nichts. Dafür kann man dort sehen, dass es für Familien in den Städten schlecht aussieht. Die Geburtenraten sinken. Nehmen Sie Duisburg. Da kriegen die meisten eigentlich nur noch Kinder, damit sich der Kampfhund nicht so allein fühlt. Und weil es in unseren Zentren immer mehr Singles gibt, bleibt zu wenig günstiger Wohnraum für Familien in den Großstädten. In München explodieren die Wohnungspreise, in Hamburg, in Frankfurt. Und jetzt auch allmählich in der Hauptstadt von Schwaben ... wie heißt die noch? Genau: Berlin.

Aber nicht nur Berlin hat Probleme mit fehlenden Wohnungen und steigenden Mieten. Auch viele Städte, wo man das nicht erwartet: Freiburg, Wiesbaden, Braunschweig! Ja, wenn man früher einen sündhaft teuren Luxusurlaub machen wollte, fuhr man sechs Wochen mit der MS Europa um die Welt. Heute wohnt man ne Woche in Braunschweig. Oder in Stuttgart! Die Mietpreise explodieren sogar in Stuttgart! Ich wusste gar nicht, dass man dort Miete zahlen muss. Ich dachte, man kriegt Geld, wenn man freiwillig da bleibt. Ich hatte immer angenommen, die Stadt wäre eh nur entstanden, weil der Bahnhof zu klein sei und nicht alle weggekommen wären.

Aber ganz schlimm ist es zurzeit bei Wohnungen für einkommensschwache Familien und Studenten. Ja, Studenten finden gar nichts. Wenn zwei Studenten Sex haben wollen, sagen die schon: »Und? Gehen wir nicht zu dir oder nicht zu mir?« In Köln wohnen inzwischen Studenten behelfsmäßig in Altenheimen. Gut, das kann auch Vorteile haben. Als ich studiert habe, bin ich abends oft in einem Zustand nach Haus gekommen, da hätte ich einen Pfleger gut gebrauchen können.

An der Entwicklung unserer Städte sehen wir, wie sehr Fortpflanzung und Biologie auch von der Politik beeinflusst werden.

Lothar Zitzmann,
Spielende Kinder
(1972)

Das Ziel jeder Sexualität liegt ja in der Selbsterhaltung. Und in Deutschland stellte man fest, dass wir seit Jahrzehnten immer weniger junge, vermehrungsfähige Leute im Land haben. Und immer mehr Alte. In diesem Jahr werden die Alten erstmals die Bevölkerungsmehrheit in Deutschland stellen. Und es werden immer weniger Menschen geboren, die das dann später bezahlen. Deutschland schrumpft! Wir verlieren statistisch jedes Jahr eine Stadt wie Bielefeld. Und das ist die einzig gute Nachricht.

**Wir verlieren statistisch jedes Jahr eine Stadt wie Bielefeld. Und das ist die einzig gute Nachricht**

Die Alten werden zugleich immer älter. Früher hat mit spätestens 80 Jahren der Tod an die Tür geklopft. Heute trifft der die Rentner gar nicht mehr an. Die sind beim Pilates. Kann eine Gesellschaft es aushalten, wenn mehr als die Hälfte der Bevölkerung alt und nicht produktiv ist? Allein die Kosten für die Pflege, die demnächst entstehen. Ein Bekannter von mir ist 95 Jahre alt, und seine beiden Kinder haben ihn gefragt, was er von einem Pflegeheim halten würde? Er meinte: »Ich finde das in Ordnung, wenn ihr zwei zu Hause allein nicht mehr zurechtkommt.« Aber das Problem der Pflege ist ungelöst. Deutschland hat bald 50 Millionen Rentner. Aber es gibt nur 20 Millionen Polinnen. Und die Kosten explodieren. Viele gehen schon ins Pflegeheim nach Tschechien, weil ihnen da der Hintern günstiger abgewischt wird. Exkanzler Gerhard Schröder ist nach der Pensionierung direkt nach Russland gegangen. Da wird der Arsch nicht nur gewischt, da wird er auch vergoldet.

Wobei es biologisch übrigens interessant ist, dass überhaupt so viele Alte in diesem Land leben. Denn es gibt im ganzen Tierreich nur drei Säugetiere, bei denen die Weibchen nach Ende der Fruchtbarkeit noch länger weiterleben: Grindwalweibchen, Elefantenkühe und Frauen. Das klingt jetzt seltsam. Aber tatsächlich haben sich Evolutionsbiologen lange gefragt, warum Menschen-Weibchen noch so lange leben, auch wenn sie sich nicht mehr vermehren kön-

Schwimmen am Strand mit Oma

nen. Und der Grund wurde nun von Forschern beschrieben: Weil es die biologische Funktion der Alten ist, Großeltern zu sein.

Denn die Aufzucht von Menschenkindern ist so aufwendig und langwierig, dass die biologischen Eltern Hilfe brauchen. Und zwar Hilfe aus der eigenen genetischen Sippe. 53 Prozent aller Eltern in Deutschland greifen auf Oma und Opa als wichtigste Kinderbetreuung zurück. Und es ist wissenschaftlich belegt, dass die Anzahl der Kinder, die geboren werden, nicht von Kindergeld, Betreuungsgeld oder Kita-Plätzen abhängt. Sondern maßgeblich von der Bereitschaft der Großeltern, bei der Aufzucht mitzuhelfen. Eigentlich müsste man für die Alten das Betreuungsgeld auf die Rente draufschlagen. Zumal über ein Zehntel der Rente in Deutschland über Oma und Opa eh wieder an die Enkelkinder zurückfließt. In Form von Schokolade, Playmobil und Prinzessin Lillifee.

Großeltern sind praktisch, allein weil sie ganz andere Tricks bei der Erziehung der Enkel kennen. Wenn die Kinder schreien, finden die jungen Eltern oft keine Lösung. Die Großeltern haben da andere Möglichkeiten. Die schalten einfach das Hörgerät ab. Und so entsteht Nähe und Bindung, wächst auch die Bereitschaft der Kinder, sich um die Alten zu kümmern. Wie auf dem Gemälde von Rubens »Caritas Romana«, zu sehen, am Geburtsort von Rubens in Siegen.

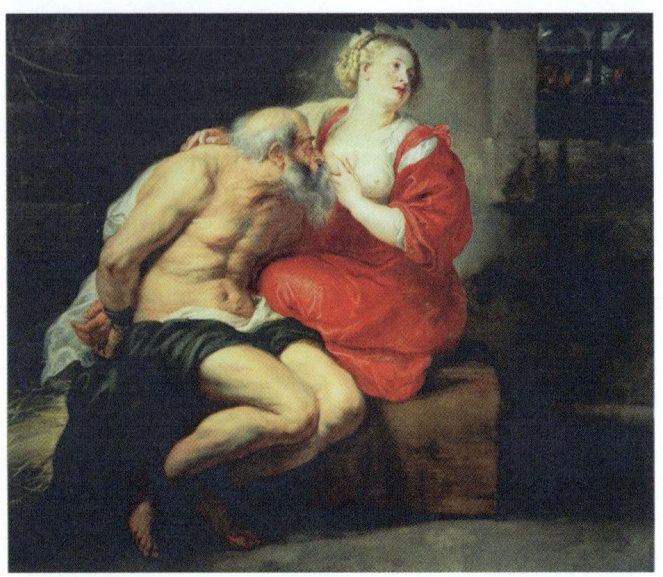

Im Knast: Die Tochter rettet den Vater vor dem Hungertod.
Peter Paul Rubens (1620)

Der römische Philosoph und Seher Cimon wurde zum Tod durch Verhungern verurteilt. Einzig seine Tochter Pero durfte zu ihm. Sie wurde vor dem Kerker von den Wachen streng auf mitgebrachte Lebensmittel kontrolliert, keinerlei Müsliriegel oder kompakte Kraftnahrung entging den strengen Augen der Security. Die Tochter aber ernährte ihren hungernden Vater bei den Besuchen, indem sie ihm heimlich die Brust gab: »Velut infantem pectori suo admotum aluit.« Sie können Latein?: »3,8 % Fettgehalt, mindestens haltbar siehe Busenrand.«

Die Geschichte berührt, weil sie zwei starke Tabus bricht: Zum einen das Tabu, einem Erwachsenen die Brust zu geben. Zum anderen auch das Inzesttabu. Die Geschichte ist zunächst nicht erotisch, es geht tatsächlich nur um Liebe im Sinne der Barmherzigkeit, um Caritas, nicht Essen auf Rädern, sondern Trinken auf Füßen. Doch ist die junge weibliche Brust von Natur aus erotisch, und so kommt es hier zu einer sehr sinnlichen Barmherzigkeit mit tiefen Emotionen, die nicht ohne Wirkung blieb.

Nachdem der »Säugling« Cimon auch nach langer Kerkerhaft nicht starb, ging den Richtern ein Licht auf. Beeindruckt von der töchterlichen Liebe und Barmherzigkeit wurde Cimon schließlich begnadigt. Er überlebte und konnte wieder auf die Enkel aufpassen. Wäre der Begriff Busenwunder nicht anderweitig besetzt, hier würde er passen, ganz ohne Silikon, sondern mit echter Tochtermilch.

Jetzt kann man sich natürlich fragen, warum die Geburtenrate in Deutschland immer weiter abnimmt, obwohl wir so viele Omas und Opas haben. Der Grund liegt natürlich darin, dass die Rentner und Senioren lieber was anderes machen, als sich noch mal intensiv um kleine Kinder zu kümmern. Die sind aktiv. Weil sich die Lebensplanung völlig verändert hat. Zum Beispiel gab es bis zur Mitte des 20. Jahrhunderts noch in vielen Häusern Bilder einer sogenannten Lebenstreppe.

DAS STUFENALTER DES MANNES

So stellte man sich über Jahrhunderte den Lauf des Lebens vor: Mit zehn Jahren ist man Kind, mit 20 Jahren heiratet man, mit 30 hat man Familie, mit 40 steht man voll im Beruf, und mit 50 hat man alles erreicht. Das ist der Höhepunkt. Und dann geht's abwärts, bis man in die Grube fällt. Und die Zeit, wo's bergab geht, ist die, in der man sich nur noch um die Enkel kümmert. Aber heute ist das anders. Heute will doch mit 50 keiner denken, dass es bergab geht. Mit 60 und 70 auch nicht. Ja, wenn man früher mit 70 mit dem Bus zum Friedhof gefahren ist, um die Verwandten zu besuchen, dann hat der Schaffner doch noch gefragt: »Sind Sie sicher, dass Sie eine Rückfahrkarte brauchen?« Aber heute? 90-Jährige klettern heute noch auf den Mount Everest. 80-Jährige reisen mit Studiosus um die Welt, 70-Jährige laufen den New-York-Marathon mit, 60-Jährige werden zum Teil selbst noch Eltern. Der Anteil der frischen Elternpaare, bei denen die Frauen fast 50 und die Männer über 60 sind, steigt immer mehr. Und warum soll man auch nicht noch spät Eltern werden? Wenn man es schafft, den Kinderwagen gleichzeitig als Rollator zu nutzen? Heute ist das Ziel der meisten Menschen, gesund und topfit uralt zu werden und dann plötzlich auf dem Höhepunkt des Lebens zu sterben. Das nennt man in der Wissenschaft: Kompression der Morbidität. Heute sähe die Lebenstreppe so aus:

**Warum nicht noch spät Eltern werden? Wenn man schafft, den Kinderwagen gleichzeitig als Rollator zu nutzen?**

Bis zehn Jahre geht man zur Frühförderung. Mit 20 macht man Praktikum. Mit 30 immer noch Praktikum. Mit 40 immer noch Praktikum. Mit 50 versucht man, schnell noch Kinder zu kriegen. Mit 60 macht man Nordic Walking. Mit 70 fängt man noch mal an zu studieren. Mit 80 macht man Kreuzfahrt. Mit 90 fängt man an zu snowboarden, und mit 100 stirbt man auf der Intensivstation in einer Klinik gegen Sexsucht. Ja, die heutigen Alten sind aktiv. Nicht wie die Großeltern in früheren Zeiten. Wie waren denn da die Omas? Die fuhren nicht um die Welt und trieben Sport. Die hatten keinen Minirock und angesagte Turnschuhe. Die saßen schwarz gekleidet und grauhaarig im Sessel und haben gestrickt. Den ganzen Tag. Generationen von Frauen hingen ab 60 an der Nadel. Und die hatten keine gefärbten Haare, um jung zu wirken. Die hatten einen Dutt, der nie aufgemacht wurde. Nie. Der wurde am 60. Geburtstag von einem Friseur mit Haarspangen, Spray und Beton hergestellt und blieb unverändert. Und wenn man zur Oma fuhr, hatte die immer schon Gulasch für einen. Oder Hühnersuppe. Oder Apfelkuchen. Das war immer schon da, wenn man kam. Woher die das hatte, weiß kein Mensch. Wahrscheinlich hatten sie es in ihrem Dutt gelagert. Und das, was da nicht war, hatte die in Einmachgläsern. Früher wurde alles eingemacht. Für die Enkel. Da waren im Keller lauter

Hermann
Max
Pechstein,
Weib mit
Inder auf
Teppich
(1910)

Gläser voll mit Gemüse, Obst, Fleisch. Mit Aufschriften in Sütterlin. Bei Omas im Keller sah es aus wie in diesen naturkundlichen Museen, wo in den Gläsern tote Salamander schwimmen. Und so schmeckte vieles auch. Früher jedenfalls lebten die Alten nur dafür, die Jungen zu unterstützen. Aber heute hat das nachgelassen. Und deshalb ist die Fortpflanzung auch so ein großes politisches Thema geworden. Kaum eine Diskussion, in der nicht darauf hingewiesen wird, dass wir uns mehr fortpflanzen müssen, um den Staat zu erhalten.

Das ist sicherlich auch eine wichtige Aufgabe. Aber ob wir Deutsche das machen oder die Einwanderer oder die beiden miteinander, ist erst mal egal. Weil der Staat ja aus allen Menschen besteht, die hier leben. Ein Staat ist nicht wie eine Tierart, die sich untereinander paaren muss, damit sie nicht ausstirbt.

# 19. Glauben Sie ja nicht, wer Sie sind

Ein Staat ist erst mal eine Rechtsgemeinschaft von allen Menschen, die sich zu seinen Grundlagen bekennen. Und vielleicht eine gemeinsame Sprache sprechen. Ein Staat ist nichts, was mit genetischen oder biologischen Eigenschaften zu tun hat, auch wenn man das in Deutschland gern anders sieht. Denn hier galt ja bis vor wenigen Jahren das »Ius sanguinis«. Das Abstammungsprinzip des Blutes. Das ist in anderen Ländern nicht so. Wenn man in den USA geboren wird, ist man Amerikaner, wenn man in Frankreich geboren wird, Franzose. Wenn man auf holländischem Boden geboren ist, ist man Holländer. Das gilt auch für Wohnwagen. Aber bei uns wurde man lange nur Deutscher, wenn man deutsche Vorfahren hatte. Wenn irgendetwas Deutsches in der Abstammungslinie war. Das konnte auch ein Schäferhund gewesen sein. Bei uns gibt es die Neigung, das Volk sozusagen als sexuelle Gemeinschaft biologisch und genetisch zu definieren und von anderen Völkern abzugrenzen. Wobei keiner weiß, was dieses Deutschen-Gen denn

**Wenn man auf holländischem Boden geboren ist, ist man Holländer. Das gilt auch für Wohnwagen**

sein soll. Ein Deutscher ist ja keine Tierart. Bei Tieren weiß man: Große Ohren und Rüssel, das ist ein Elefant. Gelbes Fell und Mähne, das ist ein Löwe. Aber was macht den Deutschen biologisch aus? Nichts. Es ist nicht mal klar, ob wir kulturell eine Einheit sind. Wie soll man das bestimmen? Zum Beispiel gab es beim Einbürgerungstest in Hessen die Frage: »Die bekanntesten deutschen Schriftsteller sind Goethe und Schiller. Nennen Sie je ein Werk von ihnen.« Da sagen die meisten Deutschen »Feuchtgebiete« und »Darm mit Charme«. Oder: »Nennen Sie drei deutsche Philosophen.« Wer weiß das in Deutschland? In Hessen müssen Ausländer das wissen. Ja. Ich hab mal in Frankfurt gespielt. Da gab's im Theater eine türkische Putzfrau, die war so integriert, die hat nicht mehr gewischt, die hat mir mit Heidegger erklärt, warum der Schmutz eigentlich nicht existent ist. Stellen Sie sich mal vor, man würde das von den Deutschen verlangen. Aber auch wenn wir weder kulturell noch biologisch eine Einheit sind, wird das immer wieder behauptet. Dahinter steckt im Kern ein Gen-Egoismus, der inzwischen zur Politik geworden ist. Viele Deutsche sind mit dem Asylrecht nicht mehr einverstanden. Oder waren es nie. Und meist beruht dies auf der Angst vor dem Fremden. Und die ist ja zu einem gewissen Teil auch natürlich. Babys fremdeln ab dem achten Monat und wollen keine neuen Gesichter mehr sehen. Aber bei einer normalen Entwicklung wächst sich das aus!

In der Geschichte der Menschheit galt das Fremde oft als der mögliche Fressfeind und Sexualkonkurrent. Das war schon beim Neandertaler so. Der lebte in Deutschland, plötzlich kam der Homo sapiens auf. Das machte dem Neandertaler Angst. Er hat den Homo sapiens bekämpft. Aber die klugen Neandertaler vermischten sich dann mit dem Homo sapiens. Und die anderen isolierten sich und treffen sich seitdem jeden Montag in Dresden. Das Fremde hat immer zwei Seiten: Es macht Angst. Und es fasziniert. Auch bei der Liebe sagt man zwar: »Gleich und gleich gesellt sich gern.« Aber es gilt ebenso: »Gegensätze ziehen sich an.« Das Fremde lockt auch. Und so stellt sich beim Fremden immer die Frage, die auch bei der Partnerwahl wichtig ist: Stoße ich jemanden ab und bleibe allein? Oder nehme ich ihn auf, vermische mich, und daraus entsteht etwas Neues? Manche sagen, im Rheinland wäre die Toleranz gegenüber Fremden vielleicht etwas größer als in anderen Teilen der Republik. Wenn, dann liegt das wohl vor allem daran, dass man hier gelernt hat, das Positive im Fremden zu erkennen und davon zu lernen. In Köln lebten vor 2000 Jahren die Germanenstämme. Auf einem kulturell niedrigen Niveau. Wenn die mal mussten, haben die zum Beispiel ein Loch gegraben und da reingemacht. Aber dann kam der Römer aus der Fremde und schlug vor: Wir bauen Klos und leiten die Kacke mit Rohren in den Rhein. Da waren die Germanen auch erst dagegen, weil das so anders war. Aber dann haben die kapiert: Das ist super. Für das ganze Rheinland! Die Kölner haben gerufen: »Geil! Unsere Kacke fließt von uns weg den Rhein runter.« Und die Düsseldorfer haben gerufen: »Geil! Das Rheinwasser verändert sich. Daraus können wir Bier brauen!«

Die Angst vor dem Fremden führt ja immer zur Abgrenzung der eigenen Gruppe gegen eine andere. Weil jede Gruppe sich selbst und die eigenen Rituale für richtig und am besten hält. Das sieht man heute zum Beispiel daran, dass jedes Kaff in Deutschland, und sei es auch noch so hässlich, Heimatlieder hat, die besingen, wie schön es da sei. In Köln gibt es nur solche Lieder. Aber es gibt auch Heimatlieder über Leverkusen, über Wesseling, sogar über Düren. Düren! Da kam Rudolf Schock her. Und man sagt, sein Nachname beschreibe seinen Gesichtsausdruck, als er Düren zum ersten Mal gesehen habe. Trotzdem sind die Dürener stolz, Dürener zu sein.

**In Südostasien treffen sich Männer, die keinen Sex mehr haben, in speziellen Männerhäusern. Das gibt's bei uns auch. Aber hier heißt das OBI**

Jede Gruppe, jeder Ort und jede Ethnie glaubt, sie selbst wäre die beste, und was sie macht, wäre normal. Und das Fremde unnormal. Und klar, fremde Kulturen bringen oft Denkweisen und Rituale mit, die anders sind. In Neuseeland gibt es zum Beispiel Kulturen wie die Maori, da sind alle Mädchen schon mit 12 Jahren tätowiert. Das kommt uns komisch vor. Bei uns ist das erst mit 16 so. Oder es gibt in Südostasien Völker, da treffen sich die Männer, die keinen Sex mehr haben, in speziellen Männerhäusern. Das gibt's bei uns auch. Aber hier heißt das OBI. Oder gerade von Afrika haben viele hier ganz falsche Vorstellungen. Die denken, da gibt es Kannibalen, die ihre Verwandten essen. Und das macht uns Angst. Andererseits essen wir so was wie Labskaus. Und ich glaub, dagegen schmecken meine Verwandten besser.

Die Psychoanalyse sagt ja, dass Fremdenangst von der Angst vor dem Fremden in der eigenen Seele komme. Weil man eigentlich weiß, dass das Fremde auch einen unwiderstehlichen Reiz ausübt. Natürlich. Sonst hätte es nie Entdecker gegeben. Menschen, die sich an Orten niedergelassen haben, die weit weg sind von jeder Zivilisation und Kultur: Australien, Grönland, Wuppertal. Die suchten die Fremde.

Und auch wir Deutsche sind in unserer Geschichte in Massen in die Fremde aufgebrochen. Erst in zwei Weltkriegen, dann zum Eimersaufen nach Mallorca. Die Historiker versuchen heute noch zu klären, was kulturell mehr Schaden angerichtet hat.

# St. Priapos

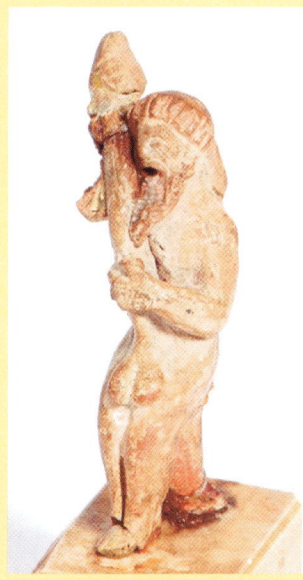

St. Priapos: Der Penis größer als der Gott.

Oft sind wir peinlich berührt, wenn wir verreisen und in anderen Kulturen und Religionen solche Kunstwerke sehen. Aber für den Sex, vulgo Fruchtbarkeit und Fortpflanzung, hatte die Antike einen eigenen Gott: Priapos. Er war der Sohn des Dionysos, seinerseits der

Herr über Rausch, Freude und Ekstase, und der schönsten Göttin, Aphrodite. Aber irgendetwas muss da schiefgegangen sein, wo doch vom Genpool her beide Elternteile die besten Voraussetzungen für ihren Nachwuchs boten. Jedenfalls war der Sprössling der beiden hässlich und missgestaltet und wurde von den Eltern verleugnet und ausgesetzt. Allerdings hatte er ein Kennzeichen, das überragend im wortwörtlichen Sinne war: einen Penis, der ihn um Hauptesgröße überragte und ihn gleich zum Gott der Fruchtbarkeit prädestinierte.

Die Menschen stellten rotbemalte Holzfiguren mit gewaltigem Phallus auf, brachten ihm die ersten Früchte von Feld und Garten und machten ihn zum Beschützer von Schafen und Ziegen, Bienen oder Fischen, auf dass er für eine reiche Ernte sorge. Gleichzeitig aber – so praktisch war man schon rund ums antike Mittelmeer – dienten die Figuren als Vogelscheuche und sollten Diebe abschrecken.

Der Priapos war vieles: Symbol für Potenz und Fruchtbarkeit, die schöpferische Macht der Natur, die Manneskraft, aber auch apotropäisches Zeichen, also Objekt der Schadensabwehr. Vor allem diese Rolle behielt er über die Spätantike hinaus. Er wanderte aus Feld und Flur in die Städte und prangte an Tür und Tor, auf Gräbern ebenso wie an Streitwagen, als riesige Skulptur auf mächtigen Sockeln für jedermann und natürlich auch jede Frau sichtbar. In diesem Sinne fungierte er auch dazu, Territorien zu markieren, zum Schutz vor Eindringlingen und Fremden. Wie so vieles aus der heidnischen Antike wurde auch diese Tradition im christlichen Mittelalter fortgeführt, und das Phallussymbol taucht nun an Kirchen, Kapellen oder Pilgerstöcken auf.

Bisweilen kaum noch als Phallus zu erkennen, denkt mancher Betrachter, wie hier am Wiener Stephansdom, eher an Bauschmuck.

Aus Nordeuropa wird ein Kult überliefert, der an die Göttin Freya geknüpft ist, die Göttin der Liebe, die wegen ihrer inzestuösen Verhältnisse und Liebesbeziehungen im Germanenhimmel Asgard verschrien ist. Der altnordische Text »Völsa þattr« beschreibt eine Zeremonie auf einem Hof aus der Wikingerzeit, bei der die Hausherrin einen abgeschnittten Pferdephallus hervorholt, herumreicht, Verse an ihn richtet und wahrscheinlich auch für sexuelle Handlungen verwendet:

»Hier kannst du sehen / einen dicken Schwanz / Abgehackt von / des Pferdes Vater / Für Dich, Dienerin / Wird der Phallus sein / Lebendig genug / zwischen den Schenkeln.«
In der Moderne ist der Kult um den Phallus bis auf wenige künstlerische Ambitionen aus der Mode gekommen, es gibt andere Symbole, um Fruchtbarkeit anzudeuten, Reviere abzustecken oder Unglücke abzuwehren.

# 20. Es passen alle nach Texas

Treffen sich zwei Planeten: »Na, wie is et?« »Schlecht, ich hab Homo sapiens.« »Mach dir keine Sorgen, das geht von selber wieder weg.« Auf unserem Planeten leben heute knapp 7,4 Milliarden Menschen, Tendenz steigend. So schön unsere Erde auch ist, es gibt nur eine begrenzte Fläche von Land, das für die Landwirtschaft nutzbar gemacht werden kann. Sobald also die Weltbevölkerung so groß wird, dass das Land sie nicht mehr ernähren kann, kommt eine Katastrophe – eine Krankheit, ein Krieg, eine Hungersnot – und stutzt sie wieder auf ein gesundes Maß zurück. Würden sie dem etwa zustimmen? Diese These stammt von Thomas Malthus, der lebte von 1766 bis 1834, damals existierte etwa eine Milliarde Menschen. Die Warnung vor einer üblen Überbevölkerung ist also uralt. Dabei ist das Problem gelöst. Die Geburtenrate beträgt im Weltdurchschnitt nur noch 2,5 Kinder pro Frau. Warum? Weil kaum einer mehr auf die katholische Kirche hört und immer mehr verhüten auf Teufel komm raus. Die Weltbevölkerung steigt voraussichtlich noch bis auf

**Mehr Kinder kriegen wir erst, wenn am Rednerpult vom Bundestag Kinder nicht zum Thema gemacht, sondern gewickelt werden!**

zehn oder elf Milliarden und, so die Experten, ab 2060 sinkt sie dann wieder. Wir werden also von niemandem überrollt. Und eins wurde nun auch festgestellt: Die Menschen kriegen keine Kinder, nur weil man ihnen dafür mehr Geld bezahlt. Deutschland unterstützt Eltern finanziell stärker als fast alle anderen Industrieländer, hat aber eine der niedrigsten Geburtenraten. Es fehlen Vorbilder, wie man mit Kindern lebt. Mehr Kinder kriegen wir erst, wenn am Rednerpult vom Bundestag Kinder nicht zum Thema gemacht, sondern gewickelt werden! Vor allem muss man festhalten: Wir sind nicht zu viele.

Sämtliche Menschenkinder dieses Planeten würden in den amerikanischen Bundesstaat Texas passen, wenn sie ungefähr so dicht besiedelt leben würden wie in Troisdorf Sieglar. Gut, das ist jetzt ein schlechtes Beispiel. Aber am Ende gibt es Entwarnung. Wir Menschen passen zwar nicht alle in ein Taxi, aber alle nach Texas.

# 21. Völkerwanderung

Das Wort fällt im Zusammenhang mit der Flüchtlingskrise ja immer wieder. »Völkerwanderung«. Da denken die meisten an kulturlose Barbaren, die grölend und marodierend in kultivierte Städte einfallen. Aber das ist nicht »Völkerwanderung«. Das ist »Junggesellenabschied«. Und das Problem bei der Völkerwanderung war nicht, dass die Völker alle ins Römische Reich wollten, sondern dass die Römer ihre Politik geändert haben. Dass die sich abgeschottet haben.

Denn das Römische Reich war in seiner Glanzzeit das multikulturellste Land aller Zeiten. Die Römer integrierten über Jahrhunderte problemlos und gerne alle möglichen Völker aus den eroberten Gebieten und machten sie zu römischen Bürgern. Die Hispanier wurden integriert, die Helvetier, die Ägypter, die Goten, ohne Probleme. Und sogar als es hieß: »Hannibal will nach Rom.« Da sagten die Römer: »Welcher Hannibal? Lecter? Der aus ›Schweigen der Lämmer‹?« – »Nee, aus Afrika, der kommt mit Elefanten.«

Da hat der Römer die Tür aufgemacht. Jedes Mitglied eines jeden Volkes, das im Römischen Reich war, konnte römischer Staatsbürger werden. Es gab in der ganzen Glanzzeit von Rom nur zwei, die sich gegen die Integration gesperrt haben: Asterix und Obelix. Das antike Rom war ein Schmelztiegel, wie es später nur noch New York sein sollte. Und auch jede Religion war willkommen. Denn die Römer hatten so viele Götter, einer mehr oder weniger war da total egal. Integration gelang einfach ... Dabei war es gar nicht so leicht, sich in die römische Kultur zu integrieren. Man brauchte dafür sogar Latinum. Aber das klappte trotzdem. Und mit dem Römischen Reich ging es erst bergab, als es anfing, Grenzen zu bauen und Flüchtlinge und Ausländer abzuhalten. Jahrhundertelang war es zum Beispiel kein Problem, dass Germanen nach Rom kamen. Aber auf einmal schottete Rom sich ab. Es gab Vorurteile. Tacitus schrieb, die Germanen seien ein Volk, das nur faul rumliege und saufe. Später hat er das revidiert. Er hatte nur Köln gesehen. Aber auch andere Historiker wurden plötzlich feindselig gegen Ausländer. Wie Marcellinus, der schrieb, die Germanen würden »halb rohes Fleisch von ekligem Getier essen, das sie erwärmen, indem sie sich mit dem Hintern draufsetzen«. Das sind natürlich Vorurteile. Auch wenn ich letztens mal in einem Brauhaus einen

**Es gab in der ganzen Glanzzeit von Rom nur zwei, die sich gegen die Integration gesperrt haben: Asterix und Obelix**

Sauerbraten gegessen hab, der eindeutig so zuberei-
tet war.

Das Bild von Friedrich Tüshaus (1867) hängt zwar in
Münster in Westfalen, heißt aber:
Schlacht zwischen Römern und Germanen am Rhein.

Aber erst als die Römer anfingen, die Grenzen
zu schließen und Ausländer auszugrenzen, ging es
mit dem Römischen Reich bergab. Die Sicherung der
Außengrenzen verbrauchte zu viel Energie. Die Römer waren mit ihrem Latein am Ende.

## 22. Dieser Fremde ist nicht von hier

René Magritte, Die Liebenden (1928)

Der Reiz beim Sex ist das Unbekannte. Das, was man entdecken kann. Und wenn man den anderen nach Jahren genau kennt und die Ehe eingeschlafen ist, was macht man dann? Fremdgehen! Keiner sagt: »Ich mach was Aufregendes, ich geh bekannt.« Auf die Frage: »Was hilft, wenn Sie nach 30 Jahren Ehe im Bett was richtig Heißes erleben wollen?«, antworten 80 Prozent der Deutschen: »Fremdgehen.« Und nur 20 Prozent sagen: »Ich dreh die Heizdecke auf acht.« Auch Sexualität ist im Kern immer die Vereinigung von etwas Fremdem mit sich selbst. Die Öffnung des eigenen Systems für ein anderes. Die Öffnung für neue Informationen, aus denen etwas Frisches hervorgeht. Sex und Fortpflanzung sind auf der Zellebene nichts anderes als gelungene Integration. Denn jede Liebe und jede Leidenschaft wächst und entsteht durch das Gemeinsame und durch das Fremde. Was kaum eine Geschichte schöner zeigt als die von Amor und Psyche.

Psyche ist die jüngste und schönste dreier Königstöchter. Und das, obwohl die Messlatte sehr hoch liegt. Ihre beiden älteren Schwestern kämen heute ohne Probleme auf die Titelseite von »Cosmopolitan«, »Elle«, »Vogue« oder »Landlust«. Aber Psyche ist so schön und betörend, dass sogar niemand mehr die Venus verehrt. Und die ist immerhin die Göttin der Schönheit! Also die Heidi Klum der Mythenwelt, Griechenlands next Topgöttin. Und dementsprechend zickig. Verärgert über die schöne Psyche ruft Venus ihren treuen Sohn Amor und befiehlt ihm, die schöne Konkurrentin mit irgendeinem Pfeil zu beschießen, um sie dazu zu bringen, sich in einen völlig bescheuerten, schrecklichen Mann zu verlieben. Gut, das kriegen viele Frauen auch ohne göttliche Hilfe hin. Jeder kennt so was aus dem Bekanntenkreis. Oder denken Sie nur an Ike und Tina Turner. Was war der Ike für ne fiese Kackbratze! Und Tina Turner ist ja mittlerweile so alt, die hat Amor noch persönlich gekannt.

Doch Psyche soll einen schrecklichen Dämon ehelichen. Dafür wird sie auf einen Berg gebracht. Psyche ist natürlich verzweifelt. Und weil die Psyche nicht Psyches Stärke ist, unternimmt sie einen Selbstmordversuch. Psyche springt in die Tiefe, aber kurz bevor sie ins Meer stürzt …

Der Gott der Winde rettet Psyche …

… wird sie von Zephyr, dem Gott der Winde, gerettet und in ein märchenhaftes Schloss geblasen. Das war der erste Billigflieger, und bezahlt hat ihn Amor. Warum wohl? Er selbst ist der überirdischen Schönheit Psyches erlegen, und wer hätte dafür kein Verständnis?

In diesem Schloss sucht Amor sie nun Nacht für Nacht auf für Hutschikutschi, unter der Bedingung allerdings, dass Psyche ihn dabei nicht ansehen darf.

... bevor sie Amor mit dem kleinen Gemächt besucht.

Ob sein kleines Gemächt der Grund war? Jedenfalls sind ihre Augen geschlossen, und vor Einbruch der Helligkeit ist der Bursche wieder verschwunden. Doch leider hatten's römische Götter nicht mit der Empfängnisverhütung. Die konnten als Lateiner den »Coitus interruptus« zwar deklinieren, aber nicht anwenden. Und so kommt's, wie's kommen muss: Amor schwängert Psyche, und warnt sie wohlweislich vor dem Kontakt mit ihren Schwestern. Aber sie haben eine gemeinsame WhatsApp-Gruppe, und prompt nimmt das Unheil seinen Lauf: Verwandtschaftsbesuch. Ihre bildhübschen Geschwister kommen zum Kaffee. Zuerst froh, Psyche wohlbehalten vorzufinden, entsteht schnell Neid auf die Schwangerschaft, und die kinderlosen Schwesterherzen werden stutenbissig. Sie wollen Psyche die Vorfreude an dem Kind in ihrem Bauch nehmen.

Die bösen
Schwestern
raten
Psyche …

Also erzählen sie ihr, dass der unbekannte Vater bestimmt eine Schlange und von einer solch furchtbaren Gestalt sei, dass sie ihr deshalb nie bei Tageslicht gegenübertreten wolle und die Schwangere demnächst verschlingen werde.

… mit dem
Kartoffel-
messer auf
den Lieb-
haber Amor
zu warten.

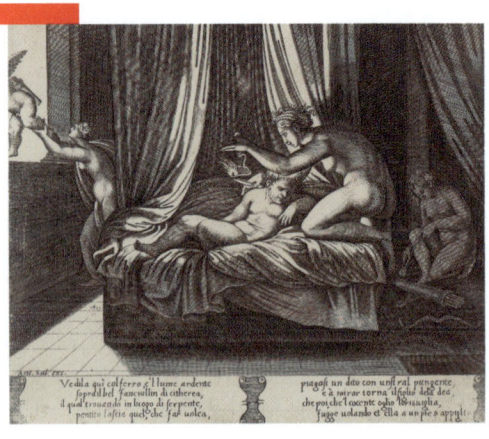

Sie raten ihr, der Tat zuvorzukommen. Psyche ist nicht nur im Aussehen schön – sie ist es auch im Denken. Schön blöd. Und so glaubt sie den Mist und wartet in dieser Nacht mit einer Öllampe und einem Messer auf den Spätheimkehrer.

Als sie ihren Geliebten beleuchtet und erstmalig anschaut, erblickt sie kein Ungeheuer, sondern ein leckeres Kerlchen mit Chicken Wings. Den geflügelten Amor. Psyche – von der Liebe zu ihrem jungen Lover überwältigt – merkt nicht, wie ein Tropfen des heißen Öls aus der antiken Taschenlampe auf Amors nackte Schultern fällt. Der Gott schreit auf und beschwert sich über den dampfenden Ölfleck mit dem berühmten Werbeslogan der Antike: »An meine Haut lass ich nur Wasser und CD.« Amor fühlt sich nach Strich und Faden betrogen, schließlich hat Psyche ihn angeschaut und ihr Versprechen gebrochen. So fliegt er davon und lässt die Schöne untröstlich zurück.

Psyche begeht deshalb einen weiteren Selbstmordversuch, der aber zum Glück scheitert, denn sonst ginge es ja nicht weiter wie folgt: Venus kriegt mit, dass ihr Sohn Amor nicht nur Flügel und Federn hat, sondern auch bei der Psyche was mit Vögeln im Sinn hatte. Voller Wut darüber, dass ihr Sohn ihre Befehle missachtet und stattdessen mit Psyche ein Kind gezeugt hat, macht sie sich auf die Suche nach dem Mädchen und will es killen. Dazu lässt sie Psyche verschiedene lebensgefährliche Aufgaben erledigen.

Aber der gelingt es, alle Saalwetten zu gewinnen. Bei der letzten Aufgabe lässt sie sich jedoch von dem Wunsch, ihren geliebten Amor zurückzuerobern, überwältigen.

Tupperware ...

Ein Kästchen mit geheimnisvoller Schönheitssalbe für Venus darf auf keinen Fall geöffnet werden. Doch Psyche öffnet nicht die Büchse der Pandora, sondern die Dose mit Panthen, trägt die geheimnisvolle Creme auf und fällt in einen todesähnlichen Schlaf. Amor, der sich inzwischen von seiner letzten heißen Ölung erholt hat, eilt ihr zur Rettung. Und da er Psyche immer noch liebt, scheucht er mit seinen Flügeln ihren Schlaf wieder in das Cremetiegelchen zurück. Während Psyche die Panthen-Dose geschlossen wieder abliefert, fliegt Amor zu Jupiter und erlangt die Erlaubnis, Psyche zu heiraten.

Der oberste Gott hat Nachsicht, liebkost Amor, reicht Psyche einen Becher mit Ambrosia und macht sie dadurch unsterblich, sodass einer Hochzeit unter den Göttern nichts mehr im Weg steht.

Die Götter feiern mit Amor und Psyche bis in die Puppen, und als die zwei schließlich im Hochzeitsbett landen ...

... Tupperparty

... ist tote Hose. Aber Psyche ist ja bereits schwanger und gebiert Amor eine wunderschöne Tochter, die Voluptas, die Wollust. Was will uns diese Geschichte sagen?

Die Liebe wird zerstört durch die Neugier, durch den Wissensdurst der Psyche. Wie hier bei Rubens, wo man der Psyche an der Figur ansieht, dass sie nicht nur Amor gründlich erforscht, sondern auch das Fach mit den Süßigkeiten im Kühlschrank.

Amor & Psyche, Peter Paul Rubens (ca. 1636)

**Liebe macht blind. Und so macht sie auch am meisten Spaß**

Der Mensch will alles kontrollieren, und die Angst vor dem Kontrollverlust malträtiert die Psyche. Und wo kann man die Kontrolle schneller verlieren als im Begehren, in den Fängen des Amor? Liebe macht blind. Und so macht sie auch am meisten Spaß. Das Leiden fängt erst an, wenn wir die Liebe kontrollieren wollen. Wenn wir das Fremde komplett verstehen wollen. So wie Psyche mit der Öllampe.

Die damit beginnenden Seelenqualen sind Qualen der Trennung. Das Wissen legt sich auf die Liebe, hinterfragt sie, zweifelt sie an und sorgt am Ende dafür, dass Psychotherapeuten eine Menge Arbeit haben.

Sigmund Freud sagte: »Jede psychoanalytische Behandlung ist ein Versuch, verdrängte Liebe zu befreien.« Das bedeutet: Die Heilung der Seele tritt ein, wenn es gelungen ist, richtig lieben zu können. Und deshalb nennt man Menschen, die einem helfen, sich selber zu lieben, Psychologen.

Der ganze Berufsstand der Psychotherapie beruht auf dieser einen Geschichte von Amor und Psyche. Auch wenn die heute anders arbeiten: Ich war neulich mal bei einer Psychologin – die war gar nicht nackt.

## 23. Die Erotik des Zölibatären

Sexualtherapeuten arbeiten übrigens mit dem Betriebssystem der katholischen Kirche. Wenn Mann und Frau in der Paartherapie Hilfe suchen, weil der Sex sich von der gemeinsamen Scholle gemacht und arktische Kälte hinterlassen hat, machen die Therapeuten das, was die schmallippigen Kirchenführer seit Jahrhunderten tun: Sie raten zum Verzicht.

Die Frau jammert: »Wir hatten schon seit fünf Jahren keinen Sex mehr!« Da sagt der Mann: »Du vielleicht!« Da ist die Ehe natürlich ein Auslaufmodell.

**Gott ist erotisch ein Huddelspitter**

Beim Sex werden Bindungshormone ausgeschüttet. Wenn Sex aber eine Beziehung zusammenhält, kann er sie auch sprengen, wenn er abhandenkommt. Jeden kann es treffen, weil die Natur oder der liebe Gott das nicht gut gemacht hat. Gott ist erotisch ein Huddelspitter:

Die Männer stellen Nähe über Sex her. Die Frauen aber brauchen Nähe als Voraussetzung für Sex. Da kann viel schiefgehen. Er berührt sie zärtlich, ist aber durch die Wonnen aufwallender Hormone gedanklich schon bei Goethe:

»Uns ergötzen die Freuden des echten, nackten Amors und des geschaukelten Betts lieblicher, knarrender Ton.«

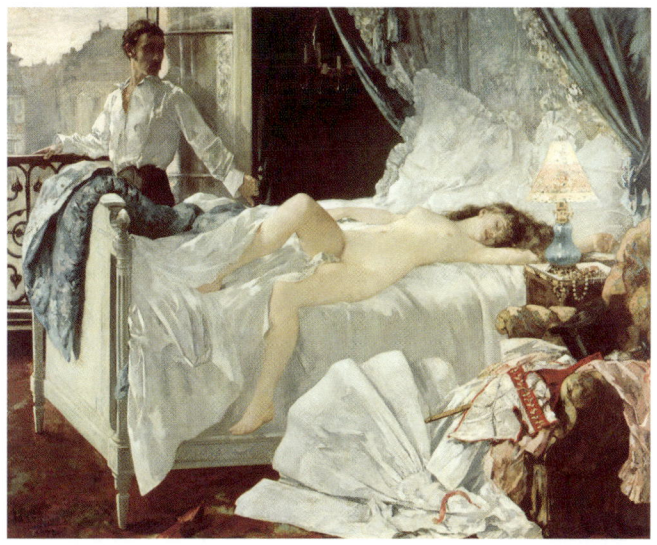

Henry Gervex, Rolla (1878)

Der Teufelskreis beginnt: Die Frau erkennt die Absicht und zieht sich zurück, weil ihr alles zu zielgerichtet ist. Öffnet sich nicht, weil ihr Sinnlichkeit und Einfühlung fehlen. Denkt: Da mach ich's doch lieber mit dem Kühlschrank, denn: »Bauknecht weiß, was Frauen wünschen.« Doch die Marke gibt es nicht mehr und dem Frust gehört das Bett.

Der Mann fühlt sich zurückgewiesen und will dadurch immer dringender Sex. Die Frau immer weniger, sie sehnt sich auch nach Zärtlichkeit. Er ist verstummt, sie ist verstimmt. Er zieht sich an und geht ans Fenster eine rauchen. Man sagt immer: Die Zigarette ist der Sex des Priesters, aber das ist keine Lösung. Dennoch machen viele Psychologen nun das Gleiche: Sie verteufeln den Sex und verordnen ein Zölibat. Zärtlichkeit ja, Sex nein.

Dann ist der Druck raus, und die Chancen stehen nicht schlecht, dass guter Sex zu dem wird, was er durch die Leib- und Lustfeindlichkeit der Kirche auch wurde: Etwas Sensationelles, was man nur schwer bekommt und gerade deswegen unbedingt haben will.

Wir alle kennen das, wenn wir aparte Priester im besten Mannesalter mit ihren wallenden Gewändern sehen oder auch ausnahmsweise junge, durchaus attraktive Nonnen bei ihrem wiegenden Gang beobachten.

Wegen des Zölibats werden wir uns ihnen wohl niemals nähern. Aber blitzt nicht gerade dadurch der laszive Gedanke auf, ob es nicht doch gelingen könnte, eine amouröse Liaison zumindest anzubahnen? Nicht wenige Filme und Romane spinnen sich um diese Grenzüberschreitung. Ebenso diese Geschichte:

Ein Rocker, angesehenes Mitglied der berüchtigten Hells Angels, bleibt mit seiner Harley liegen und nimmt ausnahmsweise und widerwillig mal den Linienbus.

Einen Platz findet er ganz vorne, ausgerechnet vis-à-vis einer Dame, die ebenfalls ganz in Schwarz fährt. »Noch gar nicht so alt und verdammt hübsch«, denkt sich der martialisch anmutende Rocker die fromme katholische Nonne taxierend. Nun ja. Andererseits, sie trägt ne Kutte, er trägt ne Kutte, warum nicht mal austesten, wie die Kleine reagiert. Er beginnt vorsichtig die Kontaktaufnahme über Augenaufschlag und Unterschenkel. »Flossen weg!« Die resolute Ordensfrau schafft mit einem kurzen Tritt vors Schienbein Klarheit. »Ich bin dem lieben Gott versprochen«, und steigt aus. »Rocker!«, der Busfahrer ruft den Biker zu sich. »Du bist auf die Nonne scharf!« »Jau!« »Kleiner Tipp: Jeden Dienstagabend betet sie um halb elf auf dem Südfriedhof unter einem Baum.« Der Rocker winkt ab, hat ja eh keinen Zweck. Aber kommt zu Hause von dem Gedanken irgendwie nicht los. Nonne und Angel, da muss doch was laufen. Der Reiz des Verbotenen ist die Macht die Erotik. Nach längerem Gedankenspiel kommt ihm der Geistesblitz: Ein Jesuskostüm würde ihm stehen. Der Fest-artikel-Shop hat das perfekte Exemplar im Angebot, samt Heiligenschein und Jesuslatschen. Lange Haare und Bart sind beim Rocker serienmäßig. Jesus Christ Superstar wagt schließlich perfekt kostümiert termingerecht zur Dunkelheit den Gang auf den Friedhof und tatsächlich: Die Nonne kniet im Mondschein an einer Kastanie im Gebet versunken. Er zögert lange hinter einem Grabstein und denkt: »Das kannst du nicht bringen.« Anderseits, der ganze Aufwand mit dem Kostüm kann ja nicht umsonst gewesen sein. So fasst er dann allen Mut zusammen und wandelt vor die Andächtige: »Hoho, ich bin Jesus und gekommen, dich zu nehmen!« Die Nonne erschrickt. »Jesus Christus, um Himmels willen. Was soll ich tun? In Gottes Namen, ja, nimm mich, aber nur von hinten!« Sie hebt die Kutte, lässt es passieren und stöhnt laut: »Oh Gott!«. Nach Verrichtung springt der Kerl vor die Nonne, reißt sich das Jesus-Kostüm vom tätowierten Körper und triumphiert: »Haha! Ich bin gar nicht Jesus, ich bin der Rocker!«

Daraufhin reißt sich die Nonne die Kleider vom Leib und sagt: »Haha! Ich bin gar nicht die Nonne, ich bin der Busfahrer!«

Damit haben wir es geschafft, wir sind endlich unter der Gürtellinie, aber alles ist gut: Die hübsche Nonne blieb unbefleckt, der Täter wurde zum Opfer und der listige Busfahrer ist der homoerotische Sieger der Herzen.

Dieser frivole Witz zeigt uns ebenso wie die Geschichte von Amor und Psyche, wie wichtig es ist, in der Liebe Geheimnisse zu bewahren, wie wichtig es ist, auch das Fremde zu genießen und wertzuschätzen. Und nicht alles erklären und zu unserem machen zu wollen. Denn wenn wir die Liebe und die Lust ganz mit dem Kopf verstehen wollen, stirbt sie. Aber wenn wir uns auf sie einlassen und unbedingt zusammmen sein wollen, wird sie unsterblich.

Auguste Rodin,
Der Kuss
(1888/89)

So wie Psyche. Und das ist das Gute daran, dass wir keine Blattläuse sind, die es mit sich allein machen. Wir brauchen immer einen anderen, der uns nah und fremd zugleich ist. Nah, damit wir ihn lieben, fremd, damit wir ihn lustvoll begehren. Mit dem wir alles teilen wollen. Und den wir irgendwann vielleicht auch so gut kennen, dass wir den Sex einfach ruhen lassen und gemeinsam Makramee machen. Denn wie es bei Amor und Psyche weitergegangen ist, ist nicht überliefert. Vielleicht wohnten sie irgendwann in einem Reihenhaus mit Carport, und er fuhr jeden Samstag zu Obi. Während sie das Moos aus den Fugen in der Einfahrt kratzte. Vielleicht ging es ihnen wie einem guten Bekannten von mir, der seiner Frau nach seinem 70. Geburtstag offenbaren musste, dass er Prostatakrebs habe. Er müsse jetzt ins Krankenhaus auf der Dürener Straße zur Voruntersuchung für die OP und mit dem Sex wäre es dann aus.

Da entgegnete seine Frau, die gerade den Abwasch machte: »Dürener Straße? Da kannst du ja in einem der Frau Winkler ihre Schüssel vom Kartoffelsalat zurückbringen.«

**Wir brauchen immer einen anderen, der uns nah und fremd zugleich ist**

# Quellennachweis

Seite 9:   Peter Paul Rubens, Samson und Delila (1609)
           © Fine Art Images/ARTOTHEK
Seite 14: Gustav Klimt, Nackte (1919) © bpk/The Metropolitan
           Museum of Art
Seite 21: Bonifazio Veronese, Anbetung der Hirten (1620–
           1640) © mauritius images/Peter Barritt/Alamy
Seite 22: Jan van Eyck, Maria, (1432) © akg-images
Seite 26: Lebensbild von Tiktaalik roseae © Zina Deretsky/
           National Science Foundation
Seite 27: Mel Ramos, Sardine Sarah (2012) © VG Bild-Kunst
Seite 29: Museum für Naturkunde, Berlin © mauritius images/
           age
Seite 35: © picture-alliance
Seite 36: © picture-alliance
Seite 39: © www.emma.de
Seite 48: © Giulio Romano, Amor-und-Psyche-Zyklus, Palazzo
           Te, Mantua © mauritius images/robertharding/Alamy
Seite 49: © mauritius images/imageBROKER/Frank Paul Fietz
Seite 50: Édouard Manet, Im Treibhaus (1879)
           © Blauel/ARTOTHEK
Seite 64: Elmgreen & Dragset, Hirtenjunge (2009)
           © VG Bild-Kunst
Seite 72f.: Jean-Léon Gérôme, Phyrne vor dem Aeropag (1861)
           © mauritius images/United Archives
Seite 76: Prototypen für ein attraktives und unattraktives
           Frauengesicht © beautycheck.com
Seite 76: Brad Pitt © mauritius images/United Archives
Seite 76: Reiner Calmund © mauritius images/Alamy

Seite 118: Alexandre Cabanel, Die Geburt der Venus (1863)
© akg-images/Laurent Lecat
Seite 119: Pauwels Franck, Die Leidenschaft (1585–1589)
© mauritius images/United Archives
Seite 120: Postkarte © Bauernhofmuseum Jexhof
Seite 123: Jean-Honoré Fragonard, Der Riegel (1778)
© mauritius images/United Archives
Seite 130: Niklaus Manuel Deutsch, Das Urteil des Paris
(1517/18) © Hans Hinz/ARTOTHEK
Seite 130: Arnfrid Astel, Athene – Hera – Aprodite
© www.zikaden.de
Seite 131: Antonello da Messina, Hl. Augustinus
© akg-images/MPortfolio/Electa
Seite 133: Meister Bertram, Vertreibung aus dem Paradies
(1375–1383) © bpk/Hamburger Kunsthalle/
Elke Walford
Seite 136: Jean-Léon Gérôme, Sklavenmarkt (1866)
© Bridgeman/ARTOTHEK
Seite 139: Gustave Courbet, Der Schlaf (1866)
© Peter Willi/ARTOTHEK
Seite 141: Henry Scott, Ruby, gold and malachite (1902)
© mauritius images/United Archives
Seite 144: Félicien Rops, Pornokrates © akg-images
Seite 146: Lothar Zitzmann, Spielende Kinder (1972)
© VG Bild-Kunst
Seite 148: Tali Yalonatzki, Schwimmen am Strand mit Oma
© Tali Yalonetzki
Seite 150: Peter Paul Rubens, Cimon und Pero (1620)
© akg-images
Seite 152: Lebensstufen des Mannes © bpk/Museum Euro-
päischer Kulturen, Staatliche Museen zu Berlin/
Dietmar Katz
Seite 154: Hermann Max Pechstein, Weib mit Inder auf Teppich
(1910) © 2016 Pechstein Hamburg/Tökendorf

# »Für Kopf und Zwerchfell gleichermaßen«

*Leipziger Volkszeitung*

Jürgen Becker. Dalí Dalí. Mit Jürgen Becker durch die
Kunstgeschichte. Taschenbuch. Verfügbar auch als 🎧Book

Immer wenn es um Kunst geht, sind sie da: die meist schwarz
gekleideten Experten, die uns in ihrer Arroganz weismachen
wollen, wir verstünden nichts davon. Damit macht dieses
Buch Schluss. Es schenkt uns die Freude an der Kunst zurück
und hält für jeden die passende Pointe parat: Wir verstehen
alle was davon!

# Weitere Titel von Jürgen Becker
## bei Kiepenheuer & Witsch

Der dritte Bildungsweg. Halbwissen
leicht gemacht. Taschenbuch.
Verfügbar auch als eBook

Religion ist, wenn man trotzdem stirbt.
Ein Handbuch für Humor im Himmel.
Taschenbuch. Verfügbar auch als eBook

Geld allein macht nicht unglücklich.
Mit dem Mysterium des rheinischen
Kapitalismus aus der Krise. Taschen-
buch. Verfügbar auch als eBook

Von wegen nix zu machen. Werkzeug-
kiste für Weltverbesserer. Taschenbuch.
Verfügbar auch als eBook

Leseproben und mehr unter www.kiwi-verlag.de